明治大学商学部グローバル人材育成シリーズ❶

英語と日本語で学ぶ
ビジネスの第一歩

明治大学商学部 編

同文舘出版

はしがき

　本書は、明治大学商学部で行われているハイブリッド授業の教材を元に執筆されたものです。ハイブリッド授業とは、資料や教材は英語のみで書かれたものを用いますが、説明については、日本語を使ってもよいという授業形態です。

　現在、日本の大学では、本学を含め、多くの大学でグローバル化への取組みが行われ、留学生や留学したい学生のために英語でのみ授業が行われることも多くなっています。しかしながら、一方で、学生の中には「内向き志向」の学生もいて、英語のみで講義を受けることに対して抵抗感もあるようです。また、現在の日本の教育制度では、大学入学までに英語を学ぶことはあっても、英語で学ぶことはほとんどありません。そのため、英語による授業であっても、コミュニケーション手段である英語の使い方に関心が向かってしまい、英語で教示されている講義の内容に関心を持たないこともあります。

　そこで、明治大学商学部では、2016年度より一部の授業において、資料は英語で書かれたものを用いますが、授業中の説明は日本語で行うハイブリッド授業を始めることになりました。本書は、商学部で学べる専門科目の内容を紹介する総合科目で使用されたパワーポイント等で作成された教材に基づいて執筆されています。この科目は、主に商学部の1年生、2年生を対象としていますので、それぞれの専門領域のエッセンスとなっています。第1章と第2章では、英語を用いて仕事をすることが多い「国際ビジネスと貿易」と「国際ビジネス交渉」を取り上げています。第3章と第4章では、その概念自体が英米より英語で日本に紹介された「インシュアランス」と「コーポレート・ガバナンス」を取り上げました。第5章と第6章は、英語であれ、日本語であれ、情報がキーワードとなる、「情報管理」と「会計」がテーマです。

　最後の第7章では、それまでの章と形式を変えて、英語が長くなります。これは、第1章から第6章までの学びから、英語で学ぶことにも慣れてくるのではないかと考えたため、日本語の説明が補足的になっています。しかも、その内容は、産業発展における大学の役割として、まさに本書の意義に関わる内容

となっています。なお、商学の内容は、本書で取り上げたものばかりではありません。今回は、取り上げることができませんでしたが、アプライド・エコノミクス、マーケティング、クリエイティブ・ビジネスなどの領域については、本書の続編に掲載したいと思います。

　最後になりますが、それぞれの研究教育で時間のない中で、ご執筆いただいた商学部の先生方に改めて、お礼を申し上げたいと思います。また、本書のような前例のない企画に興味を持っていただき、出版を快く引き受けていただいた同文舘出版の市川良之様、大関温子様に感謝申し上げます。

2017年1月10日

　　　　　　　　　　　　　　　　　　　明治大学商学部長　出見世　信之

目次　INDEX

1章　Chapter 1
国際ビジネスと貿易
International Business and Trade

- ▶1. 企業活動の国際化　2
  Internationalization of Domestic Companies　3
- ▶2. 日本における貿易、国際ビジネスの展開　10
  A Brief History of International Business and Trade　11
- ▶3. 国際ビジネス・貿易の実際　12
  Actual Examples of International Business　13

2章　Chapter 2
国際ビジネス交渉
International Business Negotiations (IBN)

- ▶1. 交渉とは？　22
  What Is Negotiation?　23
- ▶2. 文化が国際ビジネス交渉に与える影響　26
  Impact of Culture on IBN　27
- ▶3. 異文化コミュニケーションとしての国際ビジネス交渉　28
  IBN as Cross-Cultural Communication　29
- ▶4. コンテクスト　34
  Context　35
- ▶5. 国際ビジネス交渉のプロセス　38
  Process of IBN　39

- ▶6. 契約　40
  Contract　41
- ▶7. ハーバード流交渉術　42
  Negotiation of "Getting to YES"　43

3章　Chapter 3
リスクマネジメントの一手法としての保険
Insurance: As a Risk Management Technique

- ▶1. はじめに　48
  Introduction　49
- ▶2. リスクの定義　50
  Definition of Risk　51
- ▶3. リスクマネジメントの発展　52
  The Evolution of Risk Management　53
- ▶4. リスクマネジメントプロセス　54
  Risk Management Process　55
- ▶5. 保険の定義　56
  Insurance Defined　57
- ▶6. 保険の特徴　58
  Nature of Insurance　59
- ▶7. 保険市場概観①　60
  Overview of Insurance Market：Part 1　61
- ▶8. 保険市場概観②：日本の生命保険市場　62
  Overview of Insurance Market：Part 2　63

▶9. 保険市場概観③：日本の損害保険市場　64
　　Overview of Insurance Market：Part 3　65

4章　Chapter 4
コーポレート・ガバナンスと企業経営
Corporate Governance and Business Management in Japan

▶1. コーポレート・ガバナンスを取り巻く状況　68
　　The Ambience Surrounding Corporate Governance in Japan　69

▶2. 日本のコーポレート・ガバナンスの現状・課題　72
　　Conventional System of Japanese Corporate Governance　73

▶3. 株主アクティビストの増加　76
　　The Increase of Activist　77

▶4. スチュワードシップ・コードとESG投資　80
　　Stewardship Code and ESG Investment　81

▶5. エージェンシー理論の視点でのコーポレート・ガバナンス　82
　　Agency Theory and Risk Tolerance　83

▶6. 取締役会改革の動向　86
　　The Trend in the Reform of Corporate Board　87

▶7. セブン＆アイ・ホールディングスでの事件　92
　　Case Study: The Incident of Seven & i Holdings Co.　93

▶8. おわりに　96
　　Conclusion　97

5章　Chapter 5
情報管理と生産管理システム
Information Management and Production Management System

- ▶1. 経営資源　　100
  Management Resources　　101

- ▶2. 情報管理　　102
  Information Management　　103

- ▶3. 生産管理システム　　114
  Production Management System　　115

6章　Chaper 6
企業経営と会計
Business and Accounting

- ▶1. 会計は企業経営の実態を語る　　126
  What Is Accounting?　　127

- ▶2. 会計の4つの領域　　132
  4 Types of Accounting　　133

- ▶3. 会計制度　　138
  Accounting Regulation　　139

- ▶4. 財務諸表の信頼性の確保　　142
  How to Ensure the Reliability of Financial Reporting　　143

7章 Chapter 7
経済史入門—産業発展における大学の役割
Introduction to Economic History: Role of the Universities in Industrial Development

- ▶1. What Subjects Does Economic History Study as a Discipline?　150
  経済史とはどんな学問か　151

- ▶2. How Did Universities Respond to Industrialization and Globalization?　154
  産業化・国際化へ大学はどう対応したか　155

- ▶3. The Role of the Universities in the Asian Industrial Development　160
  アジアの産業発展に大学はどう貢献したか　161

- ▶4. Fostering High-Level Technical Personnel in IT Sector　166
  高度IT人材の養成　167

Chapter 1

国際ビジネスと貿易
International Business and Trade

篠原　敏彦
Toshihiko SHINOHARA

本章のキーワード【Keywords in the Chapter】

海外市場進出の動機、企業戦略と企業成長、企業国際化の進化プロセス、国際ビジネスの諸形態、戦後の輸出振興経済、貿易立国から投資立国へ、輸出取引のさまざまな特徴、マーケティング活動の国際化、グローバル・マーケティング

Motives for entry into the global market, Corporate strategy and company growth, Evolutionary pattern of international business, Different types of international business, Export driven economy after WWⅡ, Trade-oriented nation to investment powerhouse, Various aspect of export trade, Internationalization of marketing activities, Applying marketing tools to diversified markets

【概要】

本章ではまず企業活動が国際化する国内外の要因を取り上げ、海外市場に参入するさまざまなビジネス形態をみると同時に、日本における戦後の貿易、国際ビジネスの発展プロセスを概観する。そしてマーケティングや経営の国際化に関わる諸課題を提示する。

【Summary of the Chapter】

After reading the chapter you will be able to:
- Understand the basic motives for entry into overseas markets
- Define the various types of international business and trade
- Understand the historical process of internationalization of business in Japan
- Identify the characteristics of international marketing and management

▶1．企業活動の国際化

【グローバル企業概観】

　市場のグローバル化が進展した今日の日本において、規模の大小を問わず相当数の企業は直接的、間接的に海外市場と何らかの関わりを持っている。例えば貿易取引に直接従事する国内の企業数はおおよそ10万社に上るといわれているが、そのうち輸入には約7万社、輸出には約3万社が従事しており、輸入の7割、輸出の6割は中小企業が占めている。

　ところで図1-1および図1-2はわが国を代表するグローバル企業のキッコーマン、トヨタの2016年における経営活動の業績を示している。前者では全体の売上高は4,080億円であり、そのうち国内では43%、海外では57%を売上げており、海外市場の内訳を見ると北米が7割強と圧倒的なシェアを占めている。こうした売上における海外市場のシェアは営業利益でさらに顕著になっている。すなわち325億の営業利益の実に73%は海外から発生しており、同社の主要市場が最早国内ではなく完全に海外市場にシフトしていることがわかる。

　一方後者に関しても同様の傾向がみてとれる。年間の総生産台数およそ868万台のうち国内では46%に当たる約400万台が生産されているが、北米、アジアを中心に残りの56%に当たる460万台が海外生産されている。また売上を地域別にみると、総売上台数857万台のうち国内での売上は僅か24%相当の約200万台しかなく、残り76%に当たる650万台は海外で発生しており、北米市場と欧州市場を合わせると国内の2倍近い売上高となっている。

　売上や利益の大半が海外市場に依存しているこうした状況は何も両社に限ったことではない。近年の大企業のほとんどは、国内市場から海外市場へと標的を拡大する中で販売量や生産高に占める海外市場のシェアが国内市場と逆転する結果となっており、海外市場なくして自社の成長、存続を確保できないほどにまでなっている。

▶1. Internationalization of Domestic Companies

【An Overview of Global Companies】

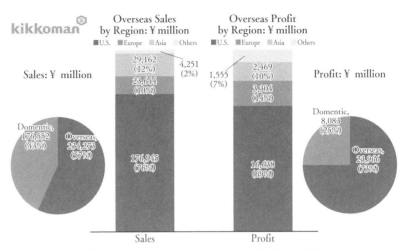

【Fig.1-1 Annual Sales and Profit (2016)】

Source: https://www.kikkoman.co.jp/ir/lib/oversea.html

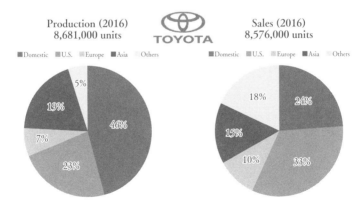

【Fig.1-2 Annual Production and Sales Volume】

Source: http://www.toyota.co.jp/jpn/investors/financial/high-light.html

【海外市場進出の動機】

　では企業はどのような経緯で海外市場に参入するのであろうか。企業が海外に進出する理由は多様であるが、いわゆる国内市場や企業自体に由来する国内的要因・プッシュ要因と海外市場あるいは海外企業などとの関連による国際的要因・プル要因に大別できる。まず国内市場規模の縮小、経済の長期停滞などによる内的要因が挙げられる。90年代以降の消費市場の継続的な低迷や少子高齢化にみられる市場規模の縮小などは国内市場の狭隘化に一層の拍車をかけて止まらず、新たな市場として海外市場の取り込みが不可欠となった。とりわけBRICSなど新興国市場は、国内におけるコスト高を補完する製造基地としての存在意義に加えて消費市場としての潜在的な可能性を持つまでになっている。さらに国内、海外市場の両睨みは事業リスクの分散、軽減という側面もある。

　他方で大戦後の国際貿易はある意味で米国との経済摩擦の歴史であると言っても過言ではない。戦後輸出振興を梃子とした経済発展を目指す中で、早くも1960年代には繊維製品が規制対象品目になったのを皮切りに、70年代に鉄鋼製品、カラーテレビ、80年代から90年代にかけては自動車、半導体などわが国を代表する輸出品目がことごとく規制にかけられ、輸出のみの波打ち際貿易では対応困難な状況に陥り、次第に直接投資へと至った経緯がある。

　前述のキッコーマンは1895（明治25）年に米国およびカナダに最初の海外醬油工場を敷設しているが、創業者自身の国際志向性およびその経営理念への反映も国際化への誘因となっており、今日の大規模国際企業には同様の経過をたどっている企業も多い。近年特にこの傾向が見られる企業にいわゆるボーン・グローバル企業と称されるベンチャー企業が注目されている。創業後わずか数年以内に海外に拠点をもち、独自のネットワークを構築することで経営資源を蓄積してグローバル市場に進出しているが、IT関連の企業にその例が多い。

　図1-3は企業が成長、存続を企図する際にとるべき一般的な戦略を市場と製品との関係で示している。既存製品、既存市場、新製品、新市場の組み合わせによる4つの選択肢は市場浸透、新製品開発、新市場開拓、多角化となり、国内企業の海外市場進出における戦略選択の基本的な考え方を示すモデルである。

【Motives for Entry into International Markets】
- Shrinking of domestic market with economic stagnation
  – severe competition among companies due to the small market
- Cost Reduction
  – competition with emerging countries
  – provide cost-efficient products to win a price war
- Portfolio approach to diversify business risk
  – foreign exchange risk, business risk and etc.
- Intense trade friction with the U.S. after WW II
  – textiles, steel products, color t.v.: from the 60s to the 70s
  – automobiles, semiconductor devices: from the 80s to the 90s
- Globally-oriented manager or founder of companies
  – overseas presence of companies born in the Meiji era

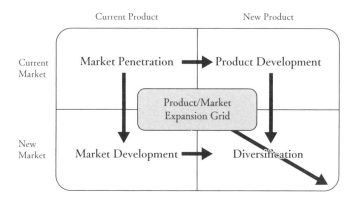

【Fig.1-3 Corporate Strategy and Company Growth】
Source: Ansoff [1965]

【多様な国際ビジネス】

　一口に国際ビジネスといってもその形態はさまざまである。最も単純な海外市場へのアプローチは輸出入取引である。輸出入者間の売買契約に基づく取引であるが、これには単発的な取引から長期継続的な取引、あるいは複数の外国企業の間に位置して海外企業同士の仲立ちをする仲介貿易や中継貿易などの形態がある。基本的に輸出では競争力のある製品や技術、輸入では国内販路と金融づけが保証されれば国内取引に準じたプロセスを踏むが、海外市場への直接的な関与の度合いはそれほど高くない。

　売買契約を基本にした相手市場への長期的なコミットメントは、代理店契約あるいは特約店契約に代表される。これは海外において広い市場カバレッジや強固な流通ネットワークを備えた有力企業への販売を通じて継続的に自社製品を現地市場に供給する契約で、現地市場に精通した企業を利用することで市場調査や販売促進などのマーケティング活動を代替させるものである。輸出に比べて市場に踏み込んだ取引であるが、そのレベルはやはりそれほど高くはない。

　国内の取引でも一般的となっているが、他社に製造を委託して自社ブランドで販売する相手先ブランドによる製造（OEM）は国際間でも頻繁に利用されている。電子製品、部品などは自社スペックに基づく製造（EMS）やデザインなど全てを最初から委託する（ODM）などがあるが、これらは古くから見られる原材料を海外企業に輸出して完成品を輸入する委託加工貿からの派生したものといえる。また自社の製造技術などを海外企業が使用することを認めた技術供与契約もあるが、このタイプは双方が技術供与するクロスライセンシングが一般的である。

　合弁企業、あるいは現地での販売子会社や製造小会社などを設置する直接投資は、企業経営をそのまま海外市場に移設するもので、現地でのマーケティング活動、雇用を含めたヒト、モノ、カネの総合的な管理が必要となり上記の取引ベースの形態に比べるとその運営手法ははるかに複雑である。

【Different Types of International Business】
- Foreign Trade
  - import and export transactions
  - contracts between importers and exporters
- Agency or Distributorship agreement
  - contract parties mediating international transactions
- Licensing or OEM, EMS, ODM agreement
  - Original Equipment Manufacturing
    Mitsubishi Motors → Nissan
  - Electronics Manufacturing Service
    Hon Hai → Sharp
  - Original Design Manufacturing
- FDI (Foreign Direct Investment)
  - establish companies (sales or production) in foreign markets
  - joint venture

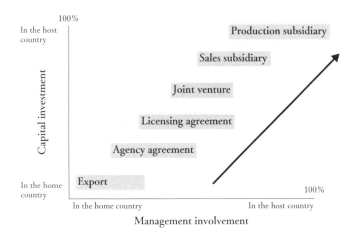

【Fig.1-4 Evolutionary Pattern of International Business】
Source: Albaum et al. [1998]

【国際化の進化プロセスと市場参入】

　図1-4は国際ビジネスにおける伝統的な進化パターンを図示したものである。輸出から始まりライセンシング、直接投資へと段階的に発展するにつれて投入資金や現地市場での経営への関与度が高くなる。日本の家電など耐久消費財の企業はおおむね間接輸出から直接輸出、そして現地生産へといった漸次的進化プロセスをたどっている。ただし図1-5にあるようにこうしたパターンは絶対的なものではなく、欧米企業などを含めるとそのプロセスは各国の国際ビジネスの成り立ちに応じてさまざまなタイプが見うけられる。

【国際ビジネスの企業】

　国際ビジネスは大企業のイメージと直結しやすいが、実際には中小企業の割合が比較的高い。当然輸出入取引が主な形態ではあるが、しかし海外市場において小規模ながらも生産設備を稼働させ現地生産による製品開発を実施する企業もある。前述のようにボーン・グローバル企業といわれる国際的ニューベンチャー企業は伝統的な国際化の段階モデルとは異なり、独自の競争優位性を持つ資源を原動力にして「蛙跳び」と称される急速な国際化を成し遂げており、新たな研究対象となっている。

　製造業、サービス業を問わず直接投資によるグローバルな事業展開は多国籍企業によるが、その定義付けは定まっていない。米国では大規模企業ランキング500社以内で少なくとも５、６カ国に製造工場を持つ企業とされるが、わが国では上場企業で同様の施設も持つ企業といえる。いずれにせよ生産や販売活動を複数国において展開し、諸活動をグローバルなネットワークで調整する経営システムをもった企業である。

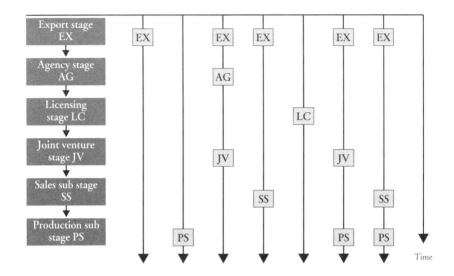

【Fig.1-5 Order of Entry to Target Markets】
Source: Albaum et al. [1998]

【Companies Operating in International Business】
- Global companies aka. MNC or MNE: manufacturers, makers
  – a large enterprise in terms of capital funds and number of employees
  – listed in the Fortune "500 Largest US Corporations" or ranked in the "Fortune Global 500"
  – have production facilities in at least five or six countries
  – listed in the first section of the Tokyo Stock Exchange
- Other criteria for MNC: service companies
  – for service companies; retailer, wholesaler, bank, hotel, insurance company, travel company ……
- SME (Small and Medium Sized Enterprises)
- BGC (Born Global Companies)

▶2. 日本における貿易、国際ビジネスの展開

【戦後の貿易拡大期】

　戦後の混乱期におけるわが国貿易の本格的な再開は、外国為替貿易管理法（外為法）が制定された1949年に始まる。国内経済の疲弊と脆弱性のため対外取引は原則禁止、例外自由とした基本的には貿易を管理する制度であったが、同法により輸出を原動力とした経済発展の基盤を整えた。同年1ドルが360円の単一為替相場が決定されたが、終戦からの4年間は輸出入ともに比較的弾力性のある相場が採用されていた。1960年にはそれまで輸出の花形製品であった繊維製品が鉄鋼製品に取って代わられ徐々にではあるが産業構造の変化が進展していく。1964年にはOECDに加盟して先進国の仲間入りをすると同時に国家目標である輸出1兆円を達成している。

　1970年代は2度の大きなショックを経験する。1971年のドルショックにより基準相場が大幅な円高になり輸出産業に大打撃を与え、さらに1973年のオイルショックでは国内外の経済に深刻な影響をもたらした。同年わが国は変動為替相場制へ移行し現在に至っている。また自動車が輸出製品の一位となり日本製品が世界市場を席巻する時代となり、貿易立国としての黄金期を迎え1981年に貿易黒字を記録して以降30年間にわたってこの黒字基調が継続することになる。

　ところで前述の外為法は最小限の規制で貿易の一層の活性化を図るために1980年に一部改訂がなされ、円貨（邦貨）や小切手決済、相殺決済、標準外決済などの特殊決済に関する規制が緩和され、また逆委託加工貿易における指定加工原材料などの輸出も緩和された。さらに1998年には大幅な改訂が行われ、その結果同法から「管理」の語句が削除され名実共に原則自由の貿易体制を整えることになった。同改訂により、為銀主義の撤廃による為替業務の自由化、外貨預金やネッティング決済の自由化、国内における外貨決済の弾力化などが実施された。

▶2. A Brief History of International Business and Trade

1945 (s20)	End of WW II
1949 (s24)	Foreign Exchange and Foreign Trade Control Law
	– Fixed Exchange Rate (System) $=¥360
1960 (s35)	Exports of steel products reach their peak
	– the leading products was textiles
	– set a national goal to attain an exports of $10 billion
1964 (s39)	Member of OECD
	– exports cross the $10 billion mark
1971 (s46)	Nixon Shock aka. Dollar Shock
	– $=360 → $=¥308
1973 (s47)	Oil Shock
	– Floating Exchange Rate (System)
1977 (s52)	Exports of automobiles reach the top
1981 (s56)	a trending surplus balance of trade until 2011 (h23)
1985 (s60)	The Plaza Accord: accelerating FDI
	– appreciation of the yen
	– $≒¥240 (1985) → $≒¥170 (1986)
1989 (h1)	Imports of manufactured goods to total amount of imports climbs to 50.3%
1991 (h3)	Major export items: Automobiles and electronics products
1998 (h10)	Foreign Exchange and Foreign Trade Law
	– Trade surplus: $140 billion
	– Imports of products to total amount of imports reach 62%
2004 (h16)	China: the largest trade partner
	– U.S.: second partner
2005 (h17)	
	– trade surplus: $100 billion ＜ income surplus: $110billion
	– from a trade-oriented nation to investment powerhouse

【貿易から直接投資へ】

　こうしたわが国の輸出は順調に拡大するかに思えたが、1985年のドル高是正のプラザ合意以降の急激な円高により事態は一変する。ドルショック以上の円高に国内の輸出産業は急速にコスト競争力を失い、国内生産による輸出を直接投資に代替する動きが加速化し、それまでに経験した対米国を中心とする経済摩擦とも相まって製造拠点の海外展開が進むこととなる。また全輸入額に占める製品輸入の割合は5割を超え、それまでの貿易のパターンが大きく変化することとなった。

　さらに今世紀に入るとプラザ合意当時、貿易黒字のわずか八分の一程度であった所得収支の黒字が大幅に進み貿易黒字を超過して、貿易立国から投資立国へと転換していくこととなった。また2012年には東日本大震災の影響で戦後最大の貿易赤字を記録している。

▶3. 国際ビジネス・貿易の実際

【輸出をどのように行うのか】

　さて輸出取引を行うに当たって留意すべき点はどのようなものであろうか。当然取引相手が海外の企業となるので、その企業との取引関係をまず結ばねば始まらない。今日の世界市場はいわゆる買い手市場であるために新規に輸出の取引企業を獲得することは容易でない。差別化された製品や技術などの競争優位性が不可欠となるが、相手企業に対しても相応の信用力が求められる。

　実際の取引では、売買の諸条件を詳細に協議して両当事者間で誤解や解釈の違いを極力排除する努力がなされる。輸出製品の品質や数量、あるいは価格の設定や引き渡し、決済の手段など細かな条件を交渉するが、貿易取引では世界中のビジネスパーソンが使用する国際的なルールや慣習が存在する。これらは欧州を中心に19世紀より徐々に形作られたもので現在にいたっているが、取引環境の変化に応じて絶えず新たなルールが設けられている。

2008 (h20) The Lehman shock triggered a global economic crisis
   – it hit domestic business activities and international management of Japanese companies operating in foreign markets
2011 (h21) The Great East Japan Earthquake
   – trade deficit of $25 billion
   – the first deficit in 31 years and the second largest on record
2012 (h22) Trade deficit: a record high of $69 billion
2015 (h27) Basic agreement on TPP
2017 (h29) U.S. President Donald Trump issued an Executive Order to pull U.S. out of TPP deal

▶3. Actual Examples of International Business

【Fig.1-6 How Do You Export Your Products?】

- A lot of obligations to be fulfilled in export contracts
  – How do you confirm product quality details?
  – How do you negotiate payment terms with your counterpart?
  – Is your counterpart honest in business and reliable?
  – How do you transport goods to be shipped from Japan to the U.S.?
  – Is there any communication gap between parties?
  – When problems happens in the course of business, how do you settle them?
  – At what point are you freed from the risk of loss to shipments?

【輸出取引の特徴】

　図1-7にあるように、輸出取引の中心には海外企業との売買契約があり、それから生じるさまざまな契約、つまり輸送・物流の契約、貨物の保険契約、銀行との代金決済のための契約などを当事者双方が締結して実行することが必要となる。これら契約に関わる機関は、当事者に加え運送会社、損害保険会社、外国為替銀行、政府関連省庁、在外公館、各種検査機関などがある。また貿易の売買契約では契約成立時からそれが完了する時点までに相当期間を要するが、わが国と相手企業が属する国の法律や商慣習の違い、問題発生時の解決法などへの理解も重要である。

　取引上のリスク管理もまた留意すべきであるが、運送上のリスクや代金回収のリスクは民間企業の保険や政府系機関の保険、銀行との決済手段の調整で回避可能であるが、外国為替変動リスクは対応が難しく国内取引にはない固有のリスクである。取引通貨を邦貨建てにすれば問題はないが、しかしその場合は相手企業が為替変動リスクを負担することとなるので、常時そうした決済手段は利用できない。

　また国際取引全般における交渉ではほとんどが英語によってなされている。メールや電話による協議を始め、正式な売買契約書の内容表記、あるいは運送契約書、保険契約書、決済に関する文書などは全て英語が使用されている。

　前述のように海外企業との取引では、売買契約に基づく物品の引き渡しと代金支払いが国境を越えて実施されるために、契約当事者間の権利・義務関係は国内取引の場合に比べてはるかに詳細かつ明確に取り決める必要がある。契約自由の原則から取引を統御する法律は当事者に選択の自由が認められるが、国際的統一売買法であるウィーン売買条約の影響下にあることも明記すべきであろう。また国際的商慣習から派生した国際商業会議所によるルール（貿易条件の解釈に関する国際規則）やその他の統一規則なども熟知しておく必要がある。

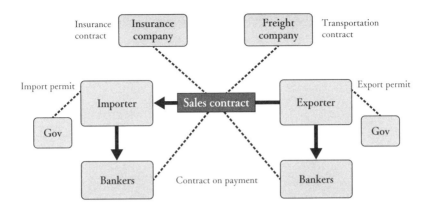

【Fig.1-7 Contract for Export Trade】

【Various Aspects of Export Trade】
- Export trade is a sales contract between the parties
  – There are rights and obligations arising from the contract
- A sales contract involves other relevant contracts
  – Contracts for transportation, marine insurance, payment, etc.
- Export trade requires particular expertise in international rules and business practices in foreign markets
  – Each market has its own commercial customs and practices
- Export trade is a risky business, to some degree
  – Socioeconomic environment in terms of interest rates, oil price, foreign exchange rates, strike, riots, force majeure, terrorism
- Communication in English is essential for export trade
  – English as a communication tool: speaking, writing, listening

【グローバル市場におけるマーケティング】

　前節で見たようにわが国の国際化は1970年代までは輸出を基盤としたもので、メーカーが間接輸出から直接輸出へと国際ビジネスの経験を深めると同時に80年代半ばの円高を契機に急速な海外拠点作りが進展した。単純な輸出売買では相手企業との取引が終了すれば基本的に相手国市場に直接関与する機会はほとんど無いが、大企業を中心とした販売拠点や製造拠点の世界的な展開に伴って各国市場でのマーケティング活動の確立が急務となったわけである。

　グローバル市場を対象とするマーケティングは、最終消費者が欲する製品やサービスに関わる計画、プロモーション、流通、価格などを環境の異なる市場セグメントの組み合わせでどのように効率的に実施するかということである。すなわち企業目標達成に用いられるマーケティング・ツールを最適に組み合わせ調整したマーケティング・プログラムもしくはマーケティング・ミックスを多様な異質性から成るグローバル市場にいかに適用するかという課題に挑戦することである。

【マーケティングの要素】

　グローバル市場で使用されるマーケティング・ツールは国内マーケティングの場合と同様であるが、環境が異なる複数市場に対してすべて統一した方法で適用することはできない。投入する製品やその価格付け、あるいは現地で販売するための流通ネットワークの構築、販売促進政策などは、現地市場の状況を勘案しながら進められる。こうした活動はコストの面からみればグローバルに標準化できれば最適であるが、他方で個別の市場環境に適応化してテイラーメイドの政策が不可欠の場合も生じてくる。マーケティング・プログラムの標準化（集権化）と適応化（分散化）の調整は、企業が扱う製品やサービス、そして企業のグローバル化の進展度合いに応じて変わってくる。

【Marketing for the Global Market】
- Companies operating in the global market
  apply marketing tools to markets that may be:
    - susceptible to local business customs and practices
    - at relatively high economic and social risk
    - based on different life styles and value systems
    - at a different stage of economic/social development
    - characterized by different market structures
- These factors are not necessarily unique to global marketing, but they do become more critical issues in multinational management.

【Elements of Marketing Programs】
- Market analysis
    - segmentation, targeting, and positioning
- Product planning
    - new product development, product life cycle
    - product mix, standardization vs. adaptation
- Pricing
    - cost and benefit, competitive pricing, transfer pricing
- Promotion
    - mix of promotion, communication barriers, media available
- Distribution
    - channel structure, supply chain management

【グローバル・マーケティングへの進化】

ただ全ての企業が一足飛びにグローバル・マーケティング活動へと進展するわけではなく企業の規模や国際化度に応じたマーケティング活動の進化プロセスがある。

Kotabe & Helsen［2010］は、国境を越えてマーケティング活動がグローバル・マーケティングへと発展する一般的なモデルを提示している（**図1-8参照**）。それによれば、第1段階は国内企業が輸出を経験する中で行う輸出マーケティングがある。輸出に関わる販路の開拓、輸送コストや為替変動の調整、各国の法的規制などに対応することで相手市場へのコミットを深めていくが、各種意思決定や製品開発などは本国中心的なアプローチであり、海外市場を国内市場の延長線上でとらえる考え方が支配する。第2段階は複数国での自社プレゼンスが向上すると現地企業との競争上より市場に密接したアプローチをとるようになり、現地市場を優先して生産、販売、プロモーションなどに関わる意思決定を現地で実施する段階でこれが国際マーケティングとなる。

第3段階は多国籍マーケティングと言われ、多数国での販売実績が上がるに伴って生産、製品開発、販売などを一定の地域ごとに統合化して標準化を推進することでコスト効率的な活動を行う。経営全般が地域志向となり、従って関連業務の意思決定は地域別で実施される。最後の第4段階がグローバル・マーケティングであり、地域の多様性を許容しつつ製品、プロモーション、価格、流通などを地域間で調整しながら標準化して、企業全体としての事業あるいは製品のポートフォリオのバランスをとりつつ最適な資源配分を行う内容である。

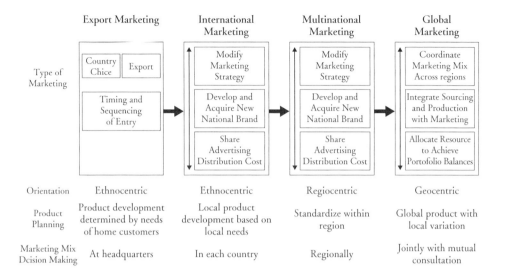

【Fig.1-8 Evolution of Global Marketing】

Source: Kotabe and Helsen [2007]

参考文献　References

Albaum, G., J. Strandskov and E. Duerr［1998］*International Marketing and Export Management*, Addison Wesley Longman.
Ansoff, H.I.［2008］*Corporate Strategy*, Pickering & Chatto.
Keegan, W.J. and M.C. Green［2015］*Global Marketing*, Pearson.
Kotabe, M. and C. Helesn［2010］*Global Marketing Management*, John Wiley & Sons.

Chapter 2

国際ビジネス交渉
International Business Negotiations (IBN)

山本 雄一郎
Yuichiro YAMAMOTO

本章のキーワード【Keywords in the Chapter】

統合型、分配型、文化的価値観、異文化コミュニケーション、日本人の沈黙、コンテクスト、交渉プロセス、契約、ハーバード流交渉術、信頼関係	win-win, win-lose, cultural value, cross-cultural communication, Japanese silence, context, process of negotiation, contract, Getting to YES at Harvard, trust relationship

【概要】

　国際ビジネス交渉は、国籍・言語・文化を異にするビジネスパーソン同士の交渉である。文化的価値観・コミュニケーションの仕方・コンテクスト・交渉プロセス・契約観の違いを認識することにより、効果的な交渉が可能となる。国際ビジネス交渉を様々な観点から理解することにより、国際ビジネスの現場で活用できる。

【Summary of the Chapter】

　International business negotiations are not an easy job for people if they are not familiar with cultural values, communication styles, context, negotiation process and attitude toward contract. It is cross-cultural communication with a different business practice besides a different language.

▶1. 交渉とは？

【交渉の定義】

　交渉は、ビジネスの世界のみならず、日常生活でも起こるものである。自宅でも、職場でも、友人同士でも起こる。意識的な場合もあれば、無意識な場合もあるかもしれない。例えば、親から与えられたある１つのものを兄弟が分けるとき、どのように配分するかは、兄弟２人の話し合いによって決まる。また、子供が小遣いを増やしてもらうために、家の仕事を手伝うことで可能かどうか、親と話し合うことがある。これらは極めてシンプルであるが、日常生活における交渉の例といえる。

　交渉は、何らかの利害あるいは問題解決に向けた相手との話し合いのプロセスである。信頼関係がある場合もあれば、そうでない場合もある。一方が他方より大きな利得を得る場合もあれば、均等な配分となる場合もある。当事者間において何らかの合意に向けた話し合いといえる。相手があることから、相手の対応を受けて再度意思決定がなされ、両者間でコミュニケーションが図られる。自分と相手との利害や興味・関心、またその程度や優先順位が異なるため、交渉がさらに進んだり、逆に交渉が止まったりすることもあり得る。

【交渉のタイプ】

　交渉の実態を考えると、多くの交渉のタイプは存在するが、分配型と統合型が一般的な分類である。分配型は利益を分ける場合、その分け前の獲得を巡って交渉が起きる。ゼロサムとも、ウィン・ルーズ型とも言われ、一方の交渉者への分け前が多くなれば、その分、もう一方の交渉者への分け前が減る。統合型とは当事者がお互いの状況を理解したうえで、双方が利益を得られる条件を積極的に見つける努力をするタイプの交渉である。この型では、双方が利益の総額を増やしたり、問題を解決したりすることにより、両者がウィン・ウィンの関係となる。プラス・サムともいわれる。交渉当事者にとって望ましいのは統合型交渉である。

▶ 1. What Is Negotiation?

【Definition of Negotiation】
- Everyone negotiates something every day
  - Negotiation occurs not only in everyday life but also in any business situation (at home, at work, among friends, etc.)
  - A basic means of getting what you want to have from others.
  - A discussion and the process by which at least two parties aim to reach an agreement on mutual matters of mutual interest.
  - Bargaining (give and take) process between two or more parties (each with its own aims, needs, and viewpoints) seeking to discover a common ground and reach an agreement to settle a matter of mutual concern or resolve a conflict.
- Various kinds of situation
  - trust established between the parties or no trust
  - personal relationship existing or no such relationship
  - cooperative or confronting
  - same interest and needs or different interest and needs
  - A form of decision-making and communication

【Type of Negotiation】
- Integrative Negotiation (Plus-sum, Win-Win)
  - Who will get the biggest (or bigger) piece of the pie?
  - The Seller (as high a price as possible) vs. The Buyer (as low a price as possible)
- Distributive Negotiation (Zero-sum, Win-Lose)
  - Both parties try to make the pie bigger.
  - Cooperation is important to achieve a bigger pie.
- A kind of problem-solving process

【国際ビジネス交渉とは？】

　国際ビジネス交渉とは、ビジネスにおける交渉の当事者が同国内、例えば、日本人ビジネスパーソン同士ではなく、国籍・言語・文化などを異にするビジネスパーソンによる交渉である。また、当事者の価値観・ビジネス慣行等の相違が見られるビジネスパーソン間の交渉を意味する。つまり、同国内・同文化・同言語のもとで行われない交渉であるため、文化的側面の影響を受けることから異文化間のビジネス交渉とも言われる。したがって、同国内あるいは同文化に属する人間同士による交渉では生じない多くの課題や問題が生じる。

　例えば、言語、ビジネス慣行、交渉プロセスやその進め方、時間に対する認識、意思決定の方法、契約書の作成において相違があるため、課題や問題が生じる。言語が同じであれば問題はないが、母国語が異なると、どちらかの言語に合わせるか、あるいは英語を使うことになり、言語上の壁が起きかねない。ビジネス慣行においては、ビジネス交渉の進め方が異なると相手の交渉のプロセスや進め方と噛み合わなくなる。また、時間に関する認識が異なると、ゆっくり交渉を進めるビジネスパーソンとせっかちに進めるビジネスパーソンでは、一方、あるいは双方に交渉に係るストレスや不満が生じる。意思決定については、交渉の現場で意思決定を行う交渉者もいれば、逆に、その場では何も意思決定できない交渉者がいることがある。さらに、契約書についていえば、すべての内容について詳細にわたり、きちんと詰めて、相手と話し合い、最終的に契約書を作成する交渉者もいれば、契約書をあまり重視せず、分量を少な目にして、将来何か問題が生じたら、そのときお互い誠実に協議して取り決めるという条項を挿入することに慣れている交渉者もいる。このような違いのため、国際ビジネス交渉をスムーズに進めるのは、当事者にとって難しいものとなっている。

　国際ビジネスとは、国境を超えて行われる、多種多様のビジネス全てを指す。具体例として財・サービスの提供・販売、製造、マーケティング、流通、ライセンス等のビジネス活動全般、合弁やM&Aなどを含む企業提携がある。

【What Is IBN?】

- Negotiation between parties from different countries who have their own culture-specific[1] negotiation styles (= intercultural negotiations)
  - IBN not only cross international borders but also cross cultures.
  - The influence of culture and the language barrier
  - Intercultural differences, such as decision-making processes, business traditions, attitude to time and the contract influence negotiation process
  - In intercultural negotiations, many things taken for granted domestically may not apply or may not be acceptable to the other party from cultural perspectives in reality.
  - One needs to be aware of those matters besides usual rules of negotiation.
- Scope of international business
  - sale of goods and services
  - manufacturing
  - marketing
  - distribution
  - licensing
  - alliances including joint ventures
  - mergers and acquisitions

---

1 Culture: the socially transmitted behavior patterns, attitudes, norms and values of a given society or nation.

▶2. 文化が国際ビジネス交渉に与える影響

【文化とは？】

　文化は国際ビジネス交渉に影響を与える。世界各国には特有の文化が存在する。文化の定義について、極めて多くの定義が存在する。国民・民族が持つ社会の習慣・言語・風習・伝統・考え方・価値観・コミュニケーションなどの総称で、生まれついて保有しているものではなく、その社会あるいは組織等において、伝えられたり、学んだりして身に付けていくものである。従って、同じ社会や組織に所属しても人により文化が異なることもあるが、総じて一般的な傾向として解釈されるものが文化として成り立っている。

【日本人と米国人のビジネスにおける文化的価値観の違い】

　日本と米国の国際ビジネス交渉に影響する文化的価値観の違いについて、考えてみよう。まず、交渉に必要な価値観の根本にある行動原理として、米国は成功のために競争して行動するという明確な方針があり、日本は、所属する組織の一員として協調的精神で行動するという特徴がある。次に、米国では、説得の技法は論理性および客観性を重視し、積極的に推し進めるが、日本は、相手との協調性を大切にし、忍耐力をもって進める特徴がある。さらに、時間に対する考えについて、交渉対象のビジネスの動向次第ではあるが、米国は、現在の状況および短期的な将来の見通しを重視するのに対し、日本は、過去からの経緯や長期的な見通しまで含めて考慮する点に大きな違いがある。

　また、交渉のプロセスにおいて米国人はビジネスに直接影響しない情報交換や情報入手に時間をかけず、早めにビジネスの核心に入っていくが、日本人は、相手との信頼関係が重要であるため、多くの時間をかける傾向がある。加えて、日本は合理性だけでは解決できない面を持つビジネス社会であるため、客観的あるいは論理的観点のみで交渉を押し通すことはできない。このように、日米比較だけでも多くの点において、大きな違いが存在しており、ビジネス交渉に影響を与える文化的価値観の違いやその違いの重要度を認識する必要がある。

▶ 2. Impact of Culture on IBN

【What Is Culture?】
- The attitudes and beliefs about something that are shared and accepted by those in a particular group of people or in a particular society or country
  - Not something we are born with but something we learn as we grow up in our society or country.
  - Important to know and understand the other side of the negotiation

【Cultural Value Differences between Business in Japan and US】
- Example of culture
  - Cultural value
  - Communication style
  - Language
  - Context
  - Mentality
  - Decision making process
  - Attitude to time etc.

【Tab.2-1 Cultural Value Differences between Business in Japan and US】

Factors	Japan	US
Attitude, Policy and Action	Cooperative, harmony, avoid conflict Doing and being part of an organization	Competitive, Doing it for the sake of success
Persuasion	Not necessarily logical Quickly feel threatened Sometimes subjective	Logical, aggressive (tactics) Easily express frustration sooner Mostly objective
Time	Less conscious of time Past and long-term future orientation	Time conscious Present and short-term future orientation
Formality	Formal	Informal
Goal	Long term Relationship and trust oriented	Short term Validity of a deal

▶3. 異文化コミュニケーションとしての国際ビジネス交渉

【コミュニケーション】

　国際ビジネス交渉は主に英語で行われるコミュニケーションであるため、日本人ビジネスパーソンは、ビジネス交渉という場で、異文化コミュニケーションを実践することになる。言語はコミュニケーションの手段として重要ではあるが、日本語をそのまま英語に直したから相手によく伝わるというわけではない。日本語は、文化的背景として、相手との衝突を極力避けるため、あるいは日本人として伝統的に使われている、あいまいなまたは非直接的な言語と言われる。例えば、日本人が英語でYESという場合、その意味合いは様々である。

【日本人のYES】

　日本人は、コミュニケーションの一つとして、YES（日本語であれば「はい」あるいは「ええ」）という言葉を気軽に発したり、相手の話に頷いたりする傾向があるといわれる。これは、無意識的に発するときもあれば、意識的な場合もある。これは、相手に自分が聞いていることを示す意図もあれば、失礼にならないようにする意味もある。しかしながら、相手が日本人でない場合、日本人が発するYESについて、交渉相手の外国人は、誤解することがあるという。

　日本人の発するYESについてもいくつかの意味がある。(1) 相手の話を聞いているが、必ずしも理解していない。(2) 相手の話を聞いて理解している。(3) 相手の話を聞いて、理解しているが、同意・納得していない。(4) 相手の話を聞いていないが、何となくYESと言う。(5) 相手の話を聞いていないが、聞いているふりをしてYESと言う。このような幾通りかの解釈が可能なYESについて、NOと言いたくないためにYESという場合も含め、交渉相手は日本人とのコミュニケーションに慣れていないと、日本人のYESを聞いて日本人は同意したはずだと勘違いすることが起きる。交渉相手に誤解を与えないために、国際ビジネス交渉ではYESと発する状況に注意すべきであるとともに、慎重な受け答えが求められることに注意したい。

▶3. IBN as Cross-Cultural Communication

【Communication】
- Different cultures have different communication patterns
  – Implicit ⇔ Explicit
  – Indirect ⇔ Direct
  – some languages are vague
  – "Yes" does not always mean the true meaning of "Yes" in Japan
  – there are many ways to avoid saying "No" in Japan
- Non-verbal communication is sometimes important
  – the expression of emotions
  – the attitude toward the other party
  – difficult to evaluate non-verbal communication for non-Japanese
- The Japanese Communication
  – Japanese tend to be implicit, indirect and vague in communication.
  – Communication for Japanese is limited.
  – In reality, Japanese tend to negotiate without sufficient communication.
  – Moreover, Japanese want to avoid actual negotiations as much as possible in practice.

【The Japanese "Yes"】
- Interpretation of the Japanese "Yes"
- "Yes" does not necessarily mean "Yes".
  – I'm listening to you. I heard you.
  – I understand what you're saying.
  – I do not understand what you're saying.
  – I understand what you're saying, but don't agree with you.
  – I'm not listening to you. Pretending to listen.

【日本人のNO】

　YESに続き、NOに代わる言動についても、日本人同士であれば、その意味や解釈について疑問を抱くことは少ない。日本人は、NOを相手に直接、明確に言わず、NOを相手に理解してもらうために、NOに代わる表現あるいは行動を相手に示すことが多い。これは、日本人が相手との関係や相手の心情を考慮し、NOというのを極力回避するため、NOを意味する他の表現あるいは行動が発達してきたといえる。文化を異にする人からすると、このような状況や気持ち・心情を察することや理解することは難しく、誤解が生じる原因となる。

　日本人がNOを意味する場合にとる言動の例として、「厳しい」とか「難しい」という表現がある。「不可能である」と明確に言えば、伝わるのであるが、「difficult」という表現であれば、相手から見ると、可能性を残す表現となる。「考えましょう」という言葉もある。日本人としては不可能であるということを伝えない場合がほとんどであるが、結局はNOということになることが多い。その考えた結果を相手が期待することで相手に気を持たせてしまうことになり、誤解を生むことになる。次の例として「前例がない」というのも、「過去、実施したことがない」という意味であるが、その言葉だけ相手に伝えると、「だから、できない」という意味が伝わらないことになる。その他に、沈黙したり、直接関係のないことを話したり、逆に質問したり、質問を受付けなかったり、嘘をつくこともある。またその場を離れたり、答えを遅らせたり、場合によって、その場限りのYESと言ったり、謝ったりすることがあるかもしれない。

　日本人はNOやNEVERなどの否定の用語を使うことを躊躇する。遠回しな表現を使ったり、相手を傷つけないように気を遣った表現を用いると、交渉相手にとって誤解のもとになりかねない。日本的な気配りや気遣いなどは国際ビジネス交渉の場では忘れて交渉に臨む方がコミュニケーションはスムーズに進むと思われる。NOという単純な言葉の代わりの言動1つとっても、文化を異にする人間は、間接的かつ婉曲的な日本語的表現の裏にある真意を理解できないことが多い。

【The Japanese "No"】

- Prefer to shun confrontation and conflict and avoid hurting other people's feelings
  - negotiation is a form of confrontation and conflict for Japanese
  - better to avoid negotiation and do not like to say "No"
  - tend to avoid saying "No" to the other side by saying "Yes, but…"
  - A Japanese "No" will seldom be expressed directly.
  - Sometimes desire to be agreeable and cooperative
- Expressions used to say "No" indirectly
  - "kibishii" or "muzukashii"
    implies that it is difficult to comply with a difficult demand
  - "zenrei ga nai"
    there has not been any precedent (therefore we cannot do it)
  - "konkai wa chotto"
    An expression to imply flat refusal
    (although there does not exist a simple word of refusal in one phase)
- Ways to avoid saying "No"
  - Silence
  - Ignore and talk about other things
  - Do not say "Yes" or "No"
  - Delay response
  - Make questions about other things
  - Refuse the question
  - Conditional "No"
  - "Yes, but…"
  - Talk in a vague way

【日本人の沈黙】

　交渉において会話が進むとき、途中で状況により、会話が途切れることがある。その間が少し長くなると、沈黙という状態になる。この沈黙について、どのように思うかについて個人差はあるが、一般的に、沈黙を嫌う文化と特に気にしない文化や肯定的に解釈する文化に分かれる。沈黙は前者の文化の人々にとって心地よくない雰囲気や状態と思うため、沈黙がほとんど起こらない。

　日本人は、沈黙を肯定的に解釈する文化であるとされ、その状況が、しばしば、外国のビジネスパーソンによりネガティブに解釈されていることがある。あるいは、交渉相手の日本人の真意をはかりかね、誤解を受けていることもある。例えば、相手の日本人が交渉内容に興味関心がない、混乱している、または不機嫌あるいは不快に感じていると外国人は解釈するかもしれない。場合により、その日本人は交渉内容を理解していないと思うかもしれない。

　しかし、日本人は、沈黙を必ずしもネガティブと考えているわけではない。沈黙は、ネガティブに捉えられるべきものではなく、中立的かポジティブに受け止めるメッセージということもできるとして、JETRO［1999, p.31］は、外国の人に理解してもらうため、沈黙について次の説明をしている。

・英語の翻訳や理解に時間を費やしている。（待って欲しい）
・言われたことについて対応の仕方を考えている。（待って欲しい）
・言われたことについて理解できない、あるいは本当に知らない。（具体的行動あるいは面子を立てて欲しい）
・言われた言葉あるいは論理に困惑している。（言い換えるか、わかりやすく言って欲しい）
・信じているので、今すぐ何かを言う必要はない。（静かにして欲しい）
・部分的に同意しないが、直接的な対立を避けたい。（私の立場を考え、自分の立場を再考して欲しい）

　このように沈黙をみると、日本人が何かを伝えたいという意向を相手に示す行為といえるが、日本人の沈黙は十分理解されない場合がある。ネガティブに解釈されたり、次の発言を遮られたりしないよう、注意すべきである。

【The Japanese Silence】
- The Japanese Use of Silence
    - Not peculiar to Japan
    - Use of Silence (Japan, Korea)
    - Rare Silence (US, Australia, Spain, Latin American countries)
    - Often interpreted negatively by non-Japanese business people
- Example of silence
    - lack of interest, confusion, lack of confidence, feeling uncomfortable, lack of understanding, being mistaken for agreeing
    - does not mean stubbornness or close-mindedness.
    - just a defensive technique to encourage harmony within Japanese society
- Japanese value silence and need silence (← high context) (JETRO[1999]p.31)
    - Please wait.
      I'm translating or processing the English which I've heard.
      I'm thinking about how to respond to what you said.
    - Please suggest a course of action and save my face.
      I really don't know.
    - Please paraphrase or elaborate.
      I'm confused by your words or logic.
    - Please remain silent.
      I trust you and we don't need to say anything else right now.
    - Please consider my position and reconsider your position.
      I partially disagree with you but want to avoid direct confrontation.

▶4. コンテクスト

【コンテクストとは？】

　コミュニケーションは、コンテクストにより影響を受ける。コンテクストとは、文脈・状況・背景・前後関係などを意味する。人はコンテクストの特徴を判断し、それに応じたコミュニケーションを行う。コンテクストを無視・軽視したり、コンテクストに合わないコミュニケーションをとったりすると、意思疎通が円滑に進まない。このコンテクストと異文化コミュニケーションの関係に最初に注目したのがホールであり、文化を高コンテクストと低コンテクストに分けた。

　高コンテクストの文化では、コミュニケーション上、言葉は単に情報伝達のツールの一部分にすぎず、言葉に依存しない割合が低コンテクストより大きい。言葉に頼らないで種々の情報を正確に伝えようとする表情や体の動きなどの非言語の技法が発達・普及している。つまり、コミュニケーションの送り手は、言葉がそれほど十分ではなくとも受け手が送り手のメッセージを十分理解できるであろうという想定をしている。メッセージは行間で伝え、行間で受け取ることがある。ホールによると、高コンテクストについて以下の説明をしている。「コンテクスト度の高いコミュニケーションまたはメッセージでは、情報のほとんどが身体的コンテクストのなかにあるか、または個人に内在されており、メッセージのコード化された、明確な、伝達される部分には、情報が非常に少ない。」（邦訳［1993］108頁）

　一方、低コンテクストの文化では、コミュニケーション上、言葉に依存する割合が大きく、話す言葉や書く言葉をより重視する。コミュニケーション上のメッセージは多くの言葉で送られる。メッセージは額面通りに伝え、額面通りに受け取ることが多い。つまり、コミュニケーションの受け手は、送り手の言葉を理解するだけでよく、送り手のメッセージについて言語以外に何か真意があるのではないかと憶測や推量・想像に頭を働かせる必要はない。

　異文化間のコミュニケーションは、このコンテクストの存在に気付き、対応を考えることにより、スムーズに進むことになる。

▶4. Context

【What Is Context?】
- Background, situation or the environment surrounding an event or occurrence
- The "context" of communication is important across cultures

【Tab.2-2 Differences of Low Context (LC) and High Context (HC)】

	LC	HC
Level of shared context	Low	High
Message	Receiving a message at face value, providing all the background knowledge and details	Reading between the lines
Expression	Direct	Indirect
Communication	Explicit, Precise, Simple, Clear	Implicit, Nuanced, Sophisticated, Often Implied
Culture	Relatively short shared history	Long shared history

- HC communication or message is one in which most of the information is either in the physical context or internalized in the person, while very little is in the coded, explicit, transmitted part of the message. (Hall〔1989〕p.91.) Hall originally developed the concept of LC and HC.

【Fig.2-1 Differences of LC and HC Communication】

【日本人のハイコンテクスト】

　コミュニケーションのスタイルを高コンテクストと低コンテクストに分けると、日本は、世界で最も高コンテクストな文化であるとされている。逆に、最も低コンテクストな文化は米国である。日本人は民族的に同質の割合が高い状況が長年続いていることや共通の価値観や文化的背景となる知識や体験を長い間持っていたこと、均質的な教育制度であることなどが高コンテクスト文化であることの背景として考えられる。また、人との関係性を重視しており、そのつながりが受け継がれているため、人々の間にコンテクストが共有され、蓄積されていく。高コンテクストによるコミュニケーションは次の特徴がある。

1. 相手との共通の認識あるいは情報があることを仮定し、メッセージ上、言葉が果たす役割に依存する割合が相対的に少ない。
2. 何でも明確にする必要がないことから、言葉のなかに、あいまいな、間接的な表現が多く、含みが存在することがある。
3. メッセージの受け手は、その場の空気を通して送り手の真意を推測、行間・状況を察し、本音を理解する必要に迫られることがある。
4. 相手とのコミュニケーションにおいて言葉に注意するが、非言語面、例えば、顔の表情、体の動き、声の大きさや抑揚などにも注意して相手とのコミュニケーションを無意識に成り立たせる。

　したがって、高コンテクストの日本人と低コンテクストの他国の人間がビジネス交渉を行った場合、日本人がコンテクストの違いによる問題を解決する努力をしなければ、十分および効率的なコミュニケーションができないことになる。低コンテクストの人間から見ると、高コンテクストの人間は、コミュニケーションが明確でなく、何か隠しているか、省いているか、あいまいな印象を受けることになる。また、高コンテクスト文化同士においても、共通の文化的背景がなければ、行き違いが生じる。その場合、お互いに低コンテクストのコミュニケーションを行う努力が必要となる。

〖Japanese High Context〗
- Japan is the highest-context culture in the world
    - The United States is the lowest-context culture in the world
- Background of Japanese High Context
    - Island Society
    - Relatively homogeneous people
    - Shared history for thousands of years
    - Common values and assumptions
    - Standardized educational system
    - Relationship-oriented society
- Example of Japanese high context
    - Hear one, understand ten (Japanese saying)
      When Japanese say 10 things, they are trying to get the other person to understand 100.
    - Communicate between the lines
    - Words alone are not enough
    - Assume a higher level of shared understanding
    - Seems like ambiguous communication to non-Japanese
- Requirements to negotiate with business people from low context Cultures for Japanese business people
    - Learn to communicate in a lower context way
    - Difficult to expect low context people to understand a high context way
- Communication is also difficult between people from one high context culture and people from other high context culture
    - the two individuals come from different cultural contexts
    - likely to have big misunderstanding

▶5. 国際ビジネス交渉のプロセス

【一般的なプロセス】
　個々のビジネスや取引状況や当事者の方針や文化的価値観などにより異なる場合もあるが、一般的に、「信頼関係確立（交渉の事前準備）→　情報交換　→　説得（駆け引き）→　合意」のような4つの段階の推移となる。

【日本人と米国人のビジネス交渉の4つの段階】
　日本人の交渉者は、第1段階において、ビジネス以外のプライベートな話題により、交渉を開始する前に人間関係、できれば信頼関係をある程度、確立したいと考える。信頼関係確立に向け、日本人の交渉者は、米国の交渉者より多くの時間を使う。これは日本人にとって、取引の情報以外にも相手に関する情報をより多く入手し、取引をするに値する相手かどうかを判断するためである。
　次に、第2段階において、日本人の交渉者は、相手に対して多くの質問をし、ビジネスの情報交換より相手から情報を収集することに力を入れる程度が強い点に特徴がある。米国人は、日本人の情報を収集することに時間をかける習慣について好意的でない面があるようである。
　第3段階において、米国人の交渉者が交渉の中で重要視しているのは、相手への説得である。一方、日本人の交渉者にとって、説得は交渉全体の一部分にすぎない。説得の段階に至るまで、充分な時間を使い、できれば説得の段階で和を保ち、極力、協調的な雰囲気のもと、合意に至るのが理想である。
　最後の第4段階において、日本人の交渉者は、各項目について全て交渉した後、交渉内容全体を見て、最後にまとめて個々の項目に合意するか否かを決定する。一方、米国人の交渉者は、交渉で扱う論点毎に賛否あるいは譲歩を明確に定め、その都度、決定していくスタイルをとる傾向がある。
　このように、日本側は、交渉相手との信頼関係をまず重視する。それに対し、米国側は取引や実務的な内容を重視し、個人的関係をあまり重視しない。米国人にとって、信頼関係の確立は名刺交換と同程度といっても過言ではない。

▶ 5. Process of IBN

【Four Stages in General】

1. Pre-negotiation
   - non-task exchange of information
   - parties attempt to understand each other's needs and demands
   - establishing a rapport
2. Task-related exchange of information
   - two-way communication process
   - receiving and transmitting information
3. Bargaining
4. Decision-Making
   - concessions and/or agreement

【Tab.2-3 Four Stages of IBN between Japan and US】

Stage	Japan	US
1. Pre-negotiation (first contact)	Establishing rapport Relational positioning	Relatively shorter periods
2. Task-related Exchange of information	Ask many questions and give little feedback Long explanations and in depth clarifications	Information is given briefly and directly
3. Bargaining	Try to avoid conflict and spend less time Sometimes silence	The most important stage Aggressive persuasion
4. Decision-making Concessions Agreement	A holistic approach to decision-making Seek consensus	Concessions and commitments are made

- Japanese spend much more time in getting to know the other side at the beginning of negotiations than Americans do because this is an important step for Japanese before getting down to business.
- On the other hand, Americans spend less time in getting to know the other side and try to get down to the business issues promptly and bargain much earlier than Japanese.

▶6. 契約

【契約とは】

　国際ビジネス交渉が進み、合意に至るプロセスの最終段階において、契約作成および契約調印が行われる。ビジネスを始める前に交渉相手と契約する必要があるため、避けて通れない段階である。日本では、契約書は法的には重要なものという認識を当事者は持っているが、それより大切にされているのは相手との取引関係、特に信頼関係である。取引のうえで、何か不都合な状況が起きた場合において、重要なものは相手との信頼関係や取引関係であり、契約書の文言ではない。もちろん、契約書に当事者の義務・権利等がどのように記載されているかを理解していることは必要であるが、それより相手との信頼関係あるいは取引関係において、生じた不都合な状況をどう解決あるいは留保、免除するのかという面の検討が重要になってくる。契約書の文言に沿って杓子定規に物事を粛々と処理していくわけではない。企業と企業、組織と組織の間の信頼関係に基づいた取引であれば、契約書は形式的な存在と見られることが多い。

　国際ビジネス契約は、自国内の契約と異なり、文化・言語・法律などの要因により複雑となり、慣れていなければ、作成や理解が困難である。

【日米の契約の違い】

　米国は契約社会や訴訟社会と言われ、契約をもとにビジネスが始まる。契約社会では、重要なこともその詳細も必要な事項が全て契約書に記載されるのが基本である。将来、当事者間の取引において何らかの問題が生じた場合、米国側は契約書の条項に従って対応・処理を行う。一方、日本では、契約書を見つつも相手との関係を考慮し、対処の仕方を考えることがある。契約書に単に固執せず、総合的な判断が求められる。このような日米の契約書に対する考え方の違いはあるものの、国際ビジネス交渉において、契約書に対する米国式認識を理解し、その考え方に適応せざるを得ない世界になっている。ビジネスのグローバル化時代にふさわしい契約書の作成および理解や認識が求められる。

▶6. Contract

【What Is Contract?】
- An official written agreement between the parties involved in a deal
  - A signed contract: legally important and the only legal document between the parties
  - A definitive set of rights and duties that strictly bind the parties.
  - International contracts have some factors involving culture and language. More complex than a pure domestic contract.
  - The parties are located in different national jurisdictions
    → selection of the governing law

【Tab.2-4 Contract Differences between Japan and US】

Item	Japan	US
Attitude	Signing a contract is opening a relationship or an expression of a relationship	Legally-binding document governing the relationship between the parties
Documents	Brief, vague Expression of willingness to do business	Concrete, detailed
View	Summary of a long negotiation process. Do not necessarily stick to the terms and the clauses of the contract Considered negotiable even after signing a contract, The contract should be flexible enough to enable renegotiation	A specific set of promises and limitations should be rigid abided by despite changes in circumstances Legal documents including the rights and duties of the parties
Society	Less litigious, less litigation	Very litigious, much litigation

▶7. ハーバード流交渉術

【ハーバード流交渉術とは？】

　ハーバード流交渉術は、1981年に"Getting to YES"が出版されて以来、多くの関係著書が出版され、日本語翻訳や解説書も出ている。ハーバード流という名称は、日本における呼び方であり、米国においてハーバード大学ロースクールのロジャー・フィッシャー教授が始めた講義がその源泉となっている。

　ハーバード流交渉術は、原則立脚型交渉または、利益満足型交渉とも呼ばれ、具体的には、「問題に対しては強硬に」、「参加者は問題の解決者」と決められ、人とは問題を解決するための参加者であるとの位置づけがなされている。次の4つの基本的要素があり、どの状況の交渉においても使えると主張されている。

1．人と問題とを分離せよ
2．立場でなく利害に焦点を合わせよ
3．行動について決定する前に多くの可能性を考え出せ
4．結果はあくまでも客観的基準によるべきことを強調せよ

　この交渉のタイプは、実体重視交渉、相互利益型交渉ともいわれ、交渉当事者が対立したり、敵対したりすることなく、協働して問題解決を図るプロセスであることを重視している。両者が満足するウィン・ウィン型の交渉といえる。

　1について、交渉には交渉内容という問題は重要であるが、同時に人間同士の話し合いという側面があるため複雑であるという認識から始まっている。問題、いいかえれば利害について片付いたが、交渉相手の人間と友好的あるいは信頼関係が築かれない状況も起こる。その場合、問題と人間関係を切り離して対応すべきという考えである。2について、交渉における基本的問題はどこにあるかを明らかにしている。その問題は、表面に出た立場の衝突にあるのではなく根底にある各当事者の要望、欲求、関心および懸念の衝突にある。3は、できるだけ多くの選択肢を考え、双方に満足のいく合意の案を探すべきだと強調している。4は、利害の対立について、問題の解決を論理的に進めるためには客観的基準を見出すことが重要であるとしている。

▶7. Negotiation of "Getting to YES"

【What is "Getting to YES"?】
- Four basic elements introduced by "Getting to YES" written by Roger Fisher, William Ury and Bruce Pattton at the Harvard Negotiation Project in 1981. (Fisher et al. [1991] pp.9-14.)
  – Principled Negotiation, or negotiation on merit (integrative negotiation)
  – Win-Win negotiation, not Win-Lose negotiation
  – This method of principled negotiation was developed at Harvard to decide issues on their merits rather than a haggling process focused on what each side says it will and won't do.
  – They insist that there is a way to negotiate, a way neither hard nor soft, but rather both hard and soft.
  – People in negotiations should be "soft" on the people issues while remaining "hard" on the business problem.
  – Distinction between substantive issues and relationship issues
- Four basic elements of negotiation
  1. People: Separate the people from the problem.
        Separate relationship issues from substantive issues.
        Deal with them independently.
  2. Interests: Focus on interests, not positions.
          Negotiate about things that people really want and need.
  3. Options: Generate a variety of possibilities before deciding what to do.
          Invent options for mutual gain.
  4. Criteria: Insist that the result be based on some objective standard and criteria.

【ハーバード流交渉術の日本人への適用】

　ハーバード流交渉術は、米国で書かれた本の内容であり、事例も米国人が交渉の当事者となっている。そのため、ハーバード流交渉術は、米国でのみ適用されると思われたが、フィッシャーらは、米国人だけでなく、他国の人々にも適用されると主張し、米国式あるいは米国流に限定されず、普遍的な交渉術あるいは交渉様式であると紹介している。あらゆる国の交渉様式に適応できるとの主張は、国や民族などの違いによる文化が交渉やコミュニケーションに影響しないと結論づけることになる。

　交渉における意思決定の方法やコミュニケーションスタイル、交渉の進め方、人間関係や信頼関係の重要性など多くの内容は、その国の文化的要素を反映していると一般的に考えられている。日本人ビジネスパーソンは、基本的には交渉事をできれば避けながら、お互いの利得を実現する気持ちが強く、ハーバード流交渉術を日本人にそのまま適用できるかどうか疑問である。ハーバード流交渉術に述べられているような人と問題の分離への考え方そのものや、感情の処理、人間関係の構築、コミュニケーション上の対応について日本人ビジネスパーソンが実行する際の課題が大きく存在する。例えば、人と問題の分離について、交渉相手との人間関係や信頼関係を重視している日本人ビジネスパーソンにとって、相手との関係を重視しているため、問題を切り離して交渉を進めることは、ビジネスの実際の現場では現実的とは言えない。また、ハーバード流において、感情のコントロールの重要性に触れ、具体的には、相手側そして自分側の感情問題について率直に話し合うことが必要であると主張し、感情面について交渉相手に話し、感情の処理をすることを勧めている。しかし、自分の感情を表に出さない方がよいと思っている日本人ビジネスパーソンとは対照的である。

　このように、文化が交渉に影響を与えることを考えると、ハーバード流交渉術をそのまま、日本人ビジネスパーソンが受け入れることは、実務的にあるいは日本人のメンタル面を考えると、実行は困難であり、また有益な結果を生むとは言いがたいと思われる。

【"Getting to Yes" for Japanese People】
- Difficult to separate the people from the problem
  - The Japanese are especially unwilling to do business with someone they think may prove to be arrogant, unpleasant or not sincere
  - Getting-to-know-you is important before getting down to business
  - Establishing trust or some relationship between the parties is quite important to make the negotiation successful
- Analysis of Japanese business people's mind
  1. Emotions
  - For Japanese this will be difficult since they do not want to talk about their emotions face to face. Americans do not mind talking about their emotions.
  - Japanese value emotions but tend to hide them, while Americans are comfortable expressing theirs.
  - Japanese sometimes use silence intentionally and/or unintentionally to hide their emotions.
  2. Communication
  - (Harvard) They suggest that negotiation is a process of communication and refer to effective communication that may help negotiate.
  - However, it is never an easy thing for Japanese. Japanese tend to be implicit, indirect and vague in communication. Communication for Japanese is more limited than people that Harvard expects.
  - In reality, Japanese tend to negotiate without sufficient communication. Moreover, Japanese want to avoid actual negotiations as much as possible in practice.
- Is Harvard's concept or skill "Getting to YES" useful globally?
  - May not be globally admitted.
  - IBN cross cultures. Culture affects negotiation. There is no negotiation without communication. Culture affects communication.
  - Does Harvard's concept or skill cross cultures?

参考文献　References

Ferraro, G.P.［2006］*The Cultural Dimension of International Business,* 5th ed., Pearson Prentice Hall.

Fisher R., W. Ury and B. Patton［1991］*Getting to Yes-Negotiating Agreement Without Giving In,* Second Edition, Penguin Books.

Ghauri, P.N. and J-C. Usunier［2003］*International Business Negotiations,* 2nd ed., Pergamon.

Hall, E.T.［1989］*Beyond Culture,* Anchor Books.（岩田慶治・谷泰訳［1993］『文化を超えて』阪急コミュニケーションズ。）

Japan External Trade Organization［1999］Communicating with Japanese in Business, pp.1-36.

Chapter 3

リスクマネジメントの一手法としての保険

Insurance: As a Risk Management Technique

中林 真理子
Mariko NAKABAYASHI

本章のキーワード [Keywords in the Chapter]

損失、リスクコントロール、リスクファイナンス、リスクマトリックス、エンタープライズ・リスクマネジメント、保険者、保険契約者、大数の法則、長生きリスク、壊滅的損害

loss, risk control, risk finance, risk matrix, enterprise risk management, insurer, policyholder, law of large numbers, longevity risk, catastrophe

【概要】

保険制度はリスクマネジメントの一手法と位置づけられる。そこで処理対象となる「想定された結果と実際の結果の乖離」としてのリスクは日々変化し、巨大で複雑化し、それに応じてリスク処理手法も高度化している。本章ではこのような環境下にある世界の保険市場の現況と、日本の保険市場をめぐる問題について概観している。

【Summary of the Chapter】

Insurance is a risk management technique to cope with risks which indicate possible variability in outcomes around some expected value. Risk management has assumed greater importance as scale and scope of risk continues to expand in the current global economy.

▶1. はじめに

【なぜ保険とリスクマネジメントについて学ぶのか】

　私たちの生活にはさまざまなリスクが満ちあふれており、個人、企業を問わず、誰もが思いがけない事故や災害により多額の損失を被る可能性にさらされている。また、個人や企業をとりまく環境は日々めまぐるしく変化する。新たな技術が次々と開発され、生活はより快適で便利なものになる一方、このような変化がそれまでは生じえなかった新たなリスクを生み出すことになる。そしてリスクが顕在化することで、個人も、企業などの組織も、多大な費用を負担することになる。例えば、電子マネーの登場で小銭を持ち歩く手間が省けるようになったが、それまでにはなかったプリペイドカード式の電子マネーを使った詐欺事件も発生するようになった。そして個人も企業も、さまざまなリスク処理手法を導入して、最小の費用でリスクの悪影響を最小にすることを試みている。このような一連のプロセスはリスクマネジメントと呼ばれ、保険はその非常に重要な一手法に位置付けられる。

【リスクと経済発展】

　かつては家族やコミュニティ、そして会社内で効率的に管理されてきたリスクは、経済発展に伴い、そのような小さな組織内で内部化するにはあまりに大きな存在になってきた。そして、経済発展が進むにつれ、リスクは国レベル、さらには世界レベルで対処すべき対象にまで巨大化している。経済発展は望ましいものであるが、その副産物としてのリスクの増大は避けられず、それへの対処法としての保険を中心としたリスクマネジメントの重要性はますます増大している。そして、リスク処理手法が日々高度化し、従来の保険の概念では説明しきれない手法も取り入れられ、保険そのものの概念が拡がっているのである。

▶ 1. Introduction

【Why Study Risk Management and Insurance?】
- "The world is a risky place."

- Greater risk implies greater cost.
  - Individuals and businesses must manage risk and finance the costs that risk imposes.

- There are many ways risk can be managed.
  - Risk Management
  - Insurance is just one of several ways to finance the cost of being exposed to risk.

【Risk and Economic Development】
- With economic development, risks that could formerly be managed effectively within families, tribes, or small enterprises became too large for such internalization.
- Risk is now managed at the national and the international level.

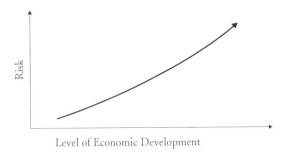

【Fig.3-1 Risk and Economic Development】
Source: Skipper and Kwon [2007] p.4.

▶2. リスクの定義

【リスクについてのさまざまな定義】

　保険やリスクマネジメントを説明するにあたり、まずはその処理対象となるリスクの定義を明確にする必要がある。国立国語研究所が2002年に実施した実施した「外来語定着度調査」でもリスクはすでに認知率が87.3%となっており、カタカナでも通用する言葉になったものの、理解率は71.5%にとどまっており、この状況はその後もあまり変わっていない。つまり、誰もが知る言葉でありながら、その意味は十分理解されていないのが現状である。リスク（risk）は一般には「危険」と訳されるが、その意味の捉え方は、分野や人によってさまざまである。例えば、「損失の発生についての不確実性」、「将来の結果についての変動可能性」、「損失のチャンス」、「想定または期待していた望ましい結果からのマイナスの乖離の可能性」、「所与の状況で起こりうる結果の変動可能性」、「人が損失を被る可能性」、といった定義が一般的に受け入れられている。

【リスクマネジメントと保険におけるリスク】

　保険やリスクマネジメントの分野では、リスクはより限定された意味で使用されており、「想定された結果と実際の結果における不均衡（変動＝差）」と定義づけることが有効である。そしてこの不均衡を小さくするための方策がリスクマネジメントとなる。

　マイナスの変動を少しでも小さくして想定されていた結果に近づけることが求められるが、この際にかかる費用を最小にとどめて実施できるようにすることがリスクマネジメントの本質である。また、プラスの変動は一見すれば望ましいものに思える。しかし、想定から乖離することで余分な費用が生じる可能性もあるため、やはり想定された結果に近いことがより望ましいことになる。以上の説明は**図3-2**のように図示することができる。

▶ 2. Definition of Risk

【Different Meanings of Risk】 (Rejda [2011])
- Uncertainty concerning the occurrence of a loss
- Variability in future outcomes
- Chance of loss
- Possibility of an adverse deviation from a desired outcome that is expected or hoped for
- Variation in possible outcomes that exist in a given situation
- Possibility that a sentient entity can incur a loss

【The Definition of Risk in Risk Management and Insurance】

In risk management and insurance, risk is used in a more specific sense to indicate possible variability in outcomes around some expected value.

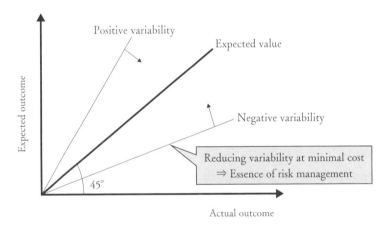

【Fig.3-2 Possible Variability in Outcomes Around Some Expected Value】

▶3. リスクマネジメントの発展

【リスクマネジメントの定義】

多様な定義が存在するが広義に捉えると、「組織体や個人が直面するリスクを識別して評価し、それを処理するための最適な手法を選び実施すること」、になる。そしてこの一連のプロセスを最小の費用で実施することが重要である。

【リスクマネジメントの発展】

リスクマネジメントの起源は個別企業での保険管理にさかのぼる。1900年代初頭には米国の大企業の多くが社内に保険部を設置し、企業内での保険購買について管理し始めていた。しかしそれは必ずしも合理的な意思決定を伴うものとは言い切れなかった。その後、大恐慌を機に、1930年代になると企業内での保険管理の重要性が認識され始め、保険をいかに経済的・効果的に用いるかが議論されるようになった。これがリスクマネジメントのはじまりとされる。そして1950年代半ばになると、企業リスク全般を扱うためにリスクマネジメントの導入が本格的に始まり、保険制度がリスクマネジメントの有力な一手法と位置づけられるようになった。

1990年代以降は、保険で対処可能なリスクの処理を中心とした従来のリスクマネジメントから発展し、組織の収益目標まで見据えてリスクを包括的にとらえるエンタープライズ・リスクマネジメント（以下ERMと表記）の導入が進んでいる。米国のトレッドウェイ委員会支援組織委員会（COSO）が2004年公表したCOSO ERMフレームワークは広く受け入れられている。

リスクマネジメントの対象となるリスクは、当初は付保可能なリスクに限定されていた。しかし、経営環境の変化により、対象リスクもリスクマネジメントの役割も広がりを見せるようになると、リスクマネジメントの定義そのものが進化することになった。そしてERMが志向されるようになると、最も効果的なリスク処理手法を合成していく上で、保険市場はもちろん、資本市場を通じたリスク処理にまでリスク処理の選択肢は広がることになる。

▶3. The Evolution of Risk Management

【The Definition of Risk Management】
- A systematic process for the identification and evaluation of loss exposures faced by an organization or by individuals, and for the selection and implementation of the most appropriate techniques for treating such exposures. (Rejda [2011] p.44)

【The Evolution of Risk Management】
- The origin of risk management: mid 1950s, US large-scale corporations
- Traditionally, the risk management position in an organization was mostly responsible for buying insurance.
  Risk managers were charged with obtaining coverage for pure risk.

【The Changing Scope of Risk Management Since 1990: Enterprise Risk Management】
- Enterprise risk management deals with risks and opportunities that affect value creation or preservation.
- COSO (Commitee of Sponsoring Organizations of Treadway Commission) defined enterprise risk management as follows:
  Enterprise risk management is a process, effected by an entity's board of directors, management and other personnel, applied in a strategic setting and across the enterprise, designed to identify any potential events that may affect the entity, and manage the risk to be within its risk appetite, to provide reasonable assurance regarding the achievement of entity objectives.
  http://www.coso.org/documents/coso_erm_executivesummary.pdf
- Standardization of the Risk Management process, provided by JIS (Japanese Industrial Standards)

▶4. リスクマネジメントプロセス

【リスクマネジメントプロセス】

　リスクマネジメントプロセスには以下のようないくつかの重要なステップが含まれる（ハリントン＆ニーハウス［2005］p.12）。①すべての重要なリスクを確認する、②起こりうる損失の頻度と強度を評価する、③リスク処理手法を開発し選択する、④選択したリスク処理手法を実施する、⑤リスクマネジメントの成果と適切さを実施プロセスの中でモニターする、である。図3-3は、上記の５点のステップを含めたより詳細なリスクマネジメントプロセスを図示したものである。なお、リスクマネジメントプロセスは基本的に純粋リスク（損失か現状維持の状態のみをもたらすリスク）を対象としているが、その他のリスクを処理する際にもほぼそのまま適用することができる。

　また、リスクマネジメントプロセスの規格化は世界的に進んでいる。日本では2001年に日本規格協会から「リスクマネジメントシステム構築のための指針（JIS Q 2001：2001）」が発行された。そして2009年秋には世界規格として、ISO（国際規格協会）からISO31000：2009 Risk Management Principle and Guideline（JIS Q 31000：2010）と用語規格であるISO Guide73：2009 Risk Management-Vocabulary（JIS Q 0073：2010）が発行されている。

【リスクマネジメントツール】

　リスクマトリックスは、最も一般的なリスク評価のためのツールで、損失の頻度と強度の大小をもとにリスクを分類する。該当するそれぞれのカテゴリーに適したリスク処理手法をもとに、最適なリスクマネジメントツールを選択するのに役立つ。図3-4はその具体例である。一般的には、保険での対応が特に有効なリスクは、発生頻度は低いものの、ひとたび発生した場合は多大な損失をもたらすもの、つまり図3-4では第２象限に位置するリスクである。しかし、リスク軽減やリスク防止も用いられるように、リスク処理手法の選択肢は一つだけではなく、環境変化を見極めながら選択していかなくてはならない。

▶4. Risk Management Process

【Fig.3-3 Steps in the Risk Management Process】
Source: Rejda [2011] p.45.

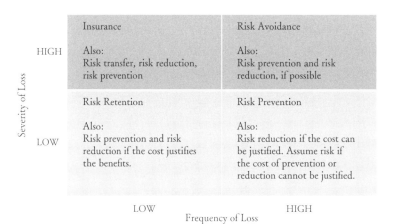

【Fig.3-4 Risk Matrix and Risk Management Tools】
Source: Dorfman and Cather [2012] p.59.

▶5. 保険の定義

【保険の定義】

　保険の定義を巡っては論者により多様な見解があり、唯一絶対のものは存在しない。しかし、「不測の損失による費用を再分配する金銭的仕組み」である点では一致している。そして、一般的な保険契約では以下の4要素が含まれる。①保険団体内での損失のプーリング、②偶然の損失への支払い、③リスク移転、④補償である。以上の条件を考慮すると、以下のように定義づけることができる。「同様な危険にさらされた多数の経済主体による、偶然な、しかし評価可能な金銭的入用に対する経済的準備である。」

【保険契約メカニズム】

　図3-5は、契約当事者である保険会社と個々の保険契約者の間で不測の事態に備えてどのように保険契約を行い、実際に保険事故が発生した際にどのように金銭的給付（保険金支払い）がなされるのかを示したものである。

　病気や怪我や自動車事故など何らかのリスクに直面している人が不測の事態に備えて保険加入を希望する場合、その対価として保険料を支払うことにより保険契約者となり、契約のもう一方の当事者である保険者（保険会社）は保障（または補償）を行う責任を負う。そして、実際に保険事故が発生した場合には、保険者から保険契約者に対して、保険金や給付金という形で金銭による給付がなされる。これに対し、幸いにして保険期間中に保険事故が発生しなかった場合には、金銭による給付はなされないが、いざという時に金銭的給付を受け取ることができるという約束、つまり保障（補償）は履行されたことになる。このような保険契約の特徴は、経済学的には条件付き財を取引する「条件付き請求権（contingent claims）」の契約と説明される。このように保険市場では理念的には不確実性下における最適な資源配分が促進されるはずだが、現実には私利を追求する「機械主義（opportunism）的行動を取る主体が参入しモラルハザードが発生する余地があり、防止策を組み込んだ制度設計が必要となる。

▶5. Insurance Defined

- There is no single definition of insurance.
    - Risk is defined from the viewpoint of several disciplines
      (e.g. law, economics, history, actuarial science, risk theory, sociology).
- Insurance is a financial arrangement that redistributes the costs of unexpected losses.
- A typical insurance plan contains four common elements: (Rejda [2011] p.20)
    - Pooling of losses
    - Payment of fortuitous losses
    - Risk transfer
    - Indemnification

【Insurance Contract】

In exchange for the premium payment, the insurer promises payments in the event of a covered loss.

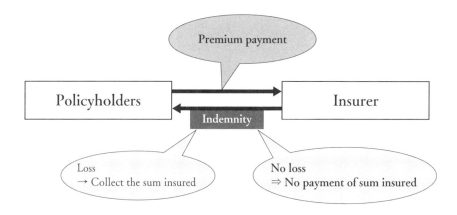

【Fig.3-5 Example: Fire Insurance】

▶6. 保険の特徴

【保険の特徴】

　第5節でも言及したように保険事故の発生は偶然に左右されるものの、ギャンブルとは性格が異なるものである。保険制度が存在することで潜在的な損失が保険団体に移転される。保険が存在しない場合は、不幸にして事故にあった人が自分だけで損失を負担しなくてはならないが、保険制度が機能する場合には、事故にあった少数の契約者の損失の負担が全契約者に再分配される。このように、大数の法則を保険数理的基礎として保険メカニズムが機能することになる。

　保険制度には社会にもたらす費用（cost）と便益（benefit）が存在する。保険制度の運営には費用（付加保険料）がかかり、また保険詐欺による潜在的な社会的費用は計り知れない（例えばアメリカの損害保険業界では年400億ドルの不正請求がなされているといった推計もある。）。しかし、これらの費用をはるか上回る便益が存在する。例えば保険が存在するからこそ、家族は一家の大黒柱が若くして亡くなることがあっても、経済面ではそれまで同様の生活が続けられ、企業は新たな事業に投資することができるのである。また保険会社自体も企業に対し長期と短期の資金供給を行うなど、金融仲介機関として重要な役割を果たしている。

【保険団体内での損失のプーリング〜火災保険を例に】

　図3-6は、火災保険を例に、保険制度がどのように運営されているか図式化したものである。同様の住宅に居住する多数の人々が、火災などに備え、過去の統計を基づき計算された少額の保険料を保険会社にそれぞれ支払って火災保険に加入する。そして想定通りにごく少数の契約者の住宅が火災に遭うものの、保険団体全体でプールし保険会社が管理する資金から保険金の支払いが行われるため、多大な損失を個人がそのまま負担しないで済むことになる。

▶6. Nature of Insurance

- Insurance is not the same as gambling.
- Insurance involves the transfer of potential losses to an insurance pool.
  - The burden of loss falls on the unfortunate person with no insurance system.
  - The burden of loss is redistributed to all policyholders when an insurance system operates.
- Law of Large Numbers
- The Benefits and Costs to Society of Insurance Systems

【Insurance Redistributes the Costs of Losses】

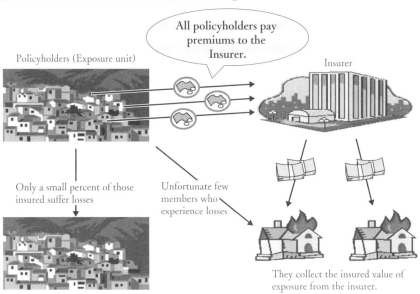

【Fig.3-6 Example: Fire Insurance】

▶7. 保険市場概観①

【保険の市場規模、国際比較】

　保険会社においては、一般の事業会社の売上高に当たるのは保険料収入となる。また、保険の世界的な市場規模を示す際には、米ドル換算で示されるのが一般的である。スイス再保険会社によると、2014年度は全世界で4兆7,782億ドルの保険料収入があり、このうち生命保険が44％、損害保険56％を占めている（表3-1）。また、保険の国際比較をする際には、スイス再保険会社が年4回発行する雑誌「シグマ（Sigma）」の1冊として年1回発行される統計号（World Insurance）が広く用いられる。このほか、ミュンヘン再保険による同様の資料も非常に有益である。

【世界第2の保険大国】

　World Insuranceでは、米ドル換算での各国の保険料により市場規模の比較がなされている（表3-2）。2014年には、生命保険ではアメリカのシェアが21.81％で第1位、次いで日本が13.57％、イギリス8.47％、中国8.32％、フランス5.93％となっている。1990年頃には日本が40％近くを占めていたが、バブル崩壊後は、低金利下での厳しい運用環境が続き、シェアが一時は10％台前半まで落ち込んだ。その後は、予定利率が運用利回りを上回る逆ザヤ問題にも一定の改善が見られ、現状に至っている。損害保険ではアメリカが37.81％で群を抜いており、その次が8.70％の中国、ドイツと日本とイギリスはそれぞれ5％台を占めている。アメリカの数字の大きさは賠償責任保険によるところが大きく、まさに「訴訟社会アメリカ」を裏付けるものである。

　生損保の合計では日本のシェアは第2位となる。近年、中国市場が急速に拡大しているが、いまのところ日本は「世界第2の保険大国」と言える。

　このほか保険の国際比較に際しては、人口一人当たり保険料である保険密度（insurance density）、対GDP比保険料である保険普及率（または保険深度insurance penetration）が用いられることが多い。

▶7. Overview of Insurance Market : Part 1

【Tab.3-1 World Premium Volume in USD (2014)】

Year	Life Insurance	Non-Life Insurance	Total Premiums
2010	2,516,377	1,819,310	4,335,687
2011	2,611,718	1,954,445	4,566,163
2012	2,620,864	1,991,650	4,612,514
2013	2,608,091	2,032,850	4,640,941
2014	2,654,549	2,123,699	4,778,248

· Life Insurance: 44%, Non-Life Insurance: 56%
· FY 2010 – 2014, Direct Premiums, in USD millions
Source: Sigma 2015/3, Swiss Re.

【Tab.3-2 International Comparison of Premium Volume in USD (2014)】

Life Insurance	(share)	(Rank in 2013)	Non-Life Insurance	(share)	(Rank in 2013)
1. USA	(21.81%)	(1)	1. USA	(37.81%)	(1)
2. Japan	(13.57%)	(2)	2. P.R. China	(8.70%)	(2)
3. UK	(8.47%)	(3)	3. Germany	(5.77%)	(3)
4. P.R. China	(8.32%)	(4)	4. Japan	(5.24%)	(5)
5. France	(5.93%)	(5)	5. UK	(5.23%)	(4)

Source: World Insurance 2015, Sigma No.3/2016, Swiss Re
  http://media.swissre.com/documents/sigma_3_2016_en.pdf.

▶8. 保険市場概観②：日本の生命保険市場

【日本の生命保険市場の概況】

　少子高齢化が進行し人口減少が始まったことは少なからず生命保険販売に悪影響をもたらしているものの、日本の生命保険の世帯加入率は89.2%（生命保険文化センター『平成27年度 生命保険に関する全国実態調査』）と、依然高水準にある。生命保険協会会員会社は41社（2016年7月時点）であるが、その成立経緯から、①伝統的な生命保険業態の会社（伝統的生保）、②損害保険会社の生保子会社、③医療保険など第三分野に強い外資系と他業態からの参入会社、④直販系生保、⑤かんぽ生命、に大別することができる。しかしこのうち伝統的生保が減少傾向にあるものの、現在でも新契約高で約半分、保有契約高でも7割近くのシェアを占めている。また伝統的生保で一般的な営業職員チャネルは減少傾向にあるものの6割近くを占めている。このように生命保険のビジネスモデルは従来から大幅に変化しているものの、依然旧来からの伝統的生保が業界をリードする構造は続いている。

【少子高齢化と日本の生命保険市場】

　生命保険契約者が全体として高齢化している（表3-3）。そして、契約者のニーズは、伝統的な死亡保障から長生きリスクへの備えへとシフトしてきている。社会保障税源が切迫化し自助努力が求められていることもあり、個人年金保険、医療保険、介護保険等のニーズが高まっている。

　また、世の中の変化が激しく、定年までの終身雇用が当然ではなくなり、転職も一般的になると、若者が契約期間が何十年という生命保険に加入しにくくなるのは当然である。さらに保険会社にとっても、何十年先まで続く契約の予定利率を保証することは極めてハイリスクであり、利率変動型の保険商品が増加している。このように日本の生命保険市場をめぐる環境は厳しいものの、生命保険の必要性は否定されるものではない。近年では海外展開を増加させるなどのさまざまな模索をしながら、生命保険会社はその存続を図っている。

▶8. Overview of Insurance Market : Part 2

【Profile of the Japanese Life Insurance Market】
- Second Largest Life Insurance Market in the World
  Even with the demographic shift and declining sales affecting the industry, the Japanese life insurance market was the second largest in the world.
- Market Share
  Four major domestic insurers provided 58.7% of the individual insurance policies in force as of FY 2011.
- Main Distribution Channel
  Marketing systems for life insurance sales have changed dramatically over time. Although, the number of tied sales agents continued to decline, the main distribution channel is still tied sales agents. In 2015, 59.4% of life insurance policies were issued through tied sales agents.
  (According to the 2015 surveys conducted by Life Insurance Institute of Japan)
- Increase in Lifetime Beneficial Policies → longerity risk
  The needs of consumers have rapidly diversified from traditional products to lifetime beneficial policies
  (e.g. nursing care, medical insurance, individual annuities).

【Maturation of Life Insurance Policies】
【Tab.3-3 Ratio of Existing Policyholders by Age Group (Example of a major insurer)】

	Age of exsiting policyholders (as of October 2012)					
	Under 50	50's	60's	70's	80's	Older than 90
Ratio of existing policyholders	40.8%	20.1%	22.0%	13.4%	3.5%	0.2%

【Tab.3-4 Projected Number of Individual Annuity Contracts Reaching Maturity】

	FY2012	FY2013	FY2014
Projected number (thousands)	489	772	1078
Average of 33 insurers (thousands)	15	23	33

Source: Survey conducted by the LIAJ in November 2012 (Answers submitted by 33 companies)

▶9. 保険市場概観③：日本の損害保険市場

【3大損保グループ体制と海外事業の増加】

　1996年に保険業法が約50年ぶりに大改正され、1998年に保険料の自由化、2001年に代理店制度が自由化されて以降、それまで競争にさらされることがほとんどなかった日本の損害保険市場は大きくその性質を変えた。企業間の合併が進み、現在までに3大損保グループに収斂され、収入保険料の85%近くを占めるまでになった。

　また、少子高齢化の影響は損害保険市場にも及んでいて、収入保険料の6割を占める自動車保険では、これに加えて「若年層の車離れ」により国内市場の縮小が進んでいる。このような状況への打開策として海外進出が進んでおり、上位3グループの平均では、2015年度には保険料収入の約15%が海外でのもので、2011年度に比べ約3倍に増大したことになる。

【自然災害の多発化、新たなリスクの出現とリスク処理手法の高度化】

　自動車が発明される以前は、自動車事故のリスクは存在しなかった。このように、新たな技術の出現が新たなリスクを生み、それに対処するための重要なツールとして新たな保険が求められることになる。また、同じ自動車でも、現在急速に開発が進んでいる自動運転車が完全に実用化されれば、これに合わせて保険での補償内容にも変化が生じることが想定される。

　また、リスク処理手法についても、金融工学の成果を取り入れ、保険市場だけでなく金融や資本市場を通じたリスクの分散も可能になってきている。近年のフィンテック（Fintech）の進展により、その可能性はさらに広がっていくと想定される。例えば、地球温暖化の進行により、自然災害がさらに多発し被害が深刻になっている。このような状況に対しては、かつては異常気象保険での対処に限られていたが、気象デリバティブを駆使した対応にまで可能性が拡がっている。このようなリスク処理において損害保険会社の果たす役割は大きく、より効果的なリスク処理を目指して、さらなる進化が求められている。

▶9. Overview of Insurance Market : Part 3

【Profile of the Japanese Non-Life Insurance Market】
- Second Largest Non-Life Insurance Market Group in the World
- Oligopoly

  As of FY 2015, the top three non-life insurance groups (Tokio Marine, SJNK, MS&AD) account for more than 85% of the net premium income of the General Insurance Association of Japan (GIAJ) member companies as a whole.
- Main Distribution Channel

  General insurance agencies are commissioned by an insurance company, and market insurance products to customers. These agencies account for 91.4% of the written direct premiums in FY 2014.
- Expansion of Overseas Business

  In FY 2015, overseas business of the top three groups represents about 15% of the total net premium income, which is about three times that of FY 2011.
- Emergence of New Risks and Development of Risk Management Procedures
- Catastrophe caused by major natural Disasters.

【Tab.3-5 Loss Events Worldwide 1980 – 2015】

Date	Event	Affected area	Overall losses in US$ m original values	Insured losses in US$ m original values	Fatalities
11.3.2011	Earthquake, tsunami	Japan: Aomori, Chiba, Fukushima, Ibaraki, Iwate, Miyagi, Tochigi, Tokyo, Yamagata	210,000	40,000	15,880
25-30.8.2005	Hurricane Katrina, storm surge	United States: LA, MS, AL, FL	125,000	60,500	1,720
17.1.1995	Earthquake	Japan: Hyogo, Kobe, Osaka, Kyoto	100,000	3,000	6,430
12.5.2008	Earthquake	China: Sichuan, Mianyang, Beichuan, Wenchuan, Shifang, Chengdu, Guangyuan, Ngawa, Ya'an	85,000	300	84,000
23-31.10.2012	Hurricane Sandy, storm surge	Bahamas, Cuba, Dominican Republic, Haiti, Jamaica, Puerto Rico, United States, Canada	68,500	29,500	210
17.1.1994	Earthquake	United States: Northridge, Los Angeles, San Fernando Valley, Ventura	44,000	15,300	61
1.8-15.11.2011	Floods, landslides	Thailand: Phichit, Nakhon Sawan, Phra Nakhon Si Ayuttaya, Phthumthani, Nonthaburi, Bangkok	43,000	16,000	813
6-14.9.2008	Hurricane Ike	United States, Cuba, Haiti, Dominican Republic, Turks and Caicos Islands, Bahamas	38,000	18,500	170
27.2.2010	Earthquake, tsunami	Chile: Concepción, Metropolitana, Rancagua, Talca, Temuco, Valparaiso	30,000	8,000	520
23./24./27.10.2004	Earthquake	Japan: Honshu, Niigata, Ojiya, Tokyo, Nagaoka, Yamakoshi	28,000	760	46

Source: Munich Re, NatCatSERVICE, 2016.

参考文献　Reference

Dorfman, M.S. and D.A. Cather［2012］*Introduction to Risk Management and Insurance* 10th ed., Prentice Hall.
Harrington, S.E and G.R. Niehaus［2003］Risk Management and Insurance, 2nd ed., McGraw Hill.（米山高生・箸方幹逸監訳［2005］『保険とリスクマネジメント』東洋経済新報社。）
Rejda, G.E.［2011］*Principles of Risk Management and Insurance,* 11th ed. Pearson.
Skipper, H.D. and W.J. Kwon［2007］*Risk Management and Insurance: Perspectives in a Global Economy,* Wiley- Blackwell.
World Insurance 2014, *Sigma,* No.3/2015, Swiss Re.
World Insurance 2015, *Sigma,* No.3/2016, Swiss Re.
大谷孝一・中出哲・平澤敦編［2012］『はじめて学ぶ損害保険』有斐閣。
公益財団法人損害保険総合研究所編［2015］『保険ERM経営の理論と実践』金融財務事情研究会。
下和田功編［2014］『はじめて学ぶ　リスクと保険（第4版）』有斐閣ブックス。
森宮康［2003］『ビジュアル　保険の基本（新版）』日本経済新聞社。

Chapter 4

コーポレート・ガバナンスと企業経営
Corporate Governance and Business Management in Japan

西 剛広
Takahiro NISHI

本章のキーワード [Keywords in the Chapter]

株式持ち合い、メインバンク、スチュワードシップ・コード、コーポレートガバナンス・コード、機関投資家、取締役会、監査等委員会設置会社、エージェンシー理論、情報の非対称性、セブン＆アイ・ホールディングス

Cross-shareholding, Main bank, Stewardship code, Corporate Governance code, Institutional Investor, Corporate Board, Company with Audit Committee, etc., Agency Theory, Information Asymmetries, Seven & i Holdings

【概要】

従来、日本企業では株式の持ち合いやメインバンクシステムの特徴付けられる内部指向型のガバナンスが形成されていた。しかし、機関投資家や外国人ファンドのような「物言う株主」が台頭し、コーポレートガバナンス・コードのような行動規範により、企業は株主やステークホルダーに対する責任を果たすことが求められている。本章ではこのような日本企業の取り巻く環境変化を捉えながら、コーポレート・ガバナンスの動向について考察する。

【Summary of the Chapter】

Conventionally, in Japanese corporations, insider-oriented corporate governance is in place, characterized by cross-shareholding and the main bank system. However, the emergence of activist shareholders, such as institutional investors, foreign funds and behavioral codes like the corporate governance code, requires corporations to take accountability for shareholders and stakeholders. In this chapter, considering the changing environment surrounding Japanese corporations, I discuss the trend of Japanese corporate governance.

▶1. コーポレート・ガバナンスを取り巻く状況

　2012年12月に安倍政権が誕生して以来、アベノミクスと呼ばれる大胆な経済政策が実施されている。アベノミクスは3本の矢と呼ばれる政策から構成されている。第1の矢が大胆な金融政策、第2の矢が機動的な財政政策、第3の矢が民間投資を喚起する成長戦略であり、第1の矢では量的緩和により市場での資金量を増やし景気を刺激し、第2の矢では公共事業により雇用を増加させるなど、一定の成果を上げている。第3の矢の成長戦略では、規制緩和や労働市場改革により、民間企業の活動を刺激することを目的としている。この第3の成長戦略の最重要課題として、コーポレート・ガバナンスが位置づけられている。コーポレート・ガバナンス改革により、企業価値向上を目指し、企業にリスク・テイキングな行動と新しい事業創造や起業家精神を喚起することを促している。

【コーポレート・ガバナンスとは？】

　そもそもコーポレート・ガバナンスは「企業統治」と訳され、「会社は誰のものか」を捉えながら、経営者の暴走を防ぎ、企業価値を高めるよう企業を監視・監督するための仕組みことである。会社は「ヒト・モノ・カネ」と言われる経営資源を企業に投入し、財・サービスを生産し、そこから付加価値を生み出す組織体である。

▶ 1. The Ambience Surrounding Corporate Governance in Japan

【Three Arrows in Abenomics】

Since Prime Minister Abe's Cabinet was formed in 2012, it has carried out a drastic economic reform called "Abenomix".

- First arrow: Dramatic monetary easing
  – Increasing the quantity of money in the market to stimulate the economy
- Second arrow: A "robust" fiscal policy
  – The Japanese government is spending more to boost its economy
- Third arrow: Growth strategy
  – Deregulation to stimulate private sector activity

In the growth strategy, corporate governance is considered the most important issue.

【What Is Corporate Governance?】

- Corporate governance is defined as the system by which corporations are monitored by stakeholders in order to prevent managers from shirking and to enhance firm value.
  – Considering "Who control a corporation"?
- Corporation is an organization that converts "resources" into "value added."
  – Corporate governance considers the allocation of value added to specific stakeholders.

This chapter focuses on the relationship between corporate governance and environmental change in Japan.

【株主の権利】

　会社は株主が出資し、株主は株式所有数に応じて株主総会で議決権を行使することができる。この議決権を通じて会社の経営に関与することになる。さらに、会社の利益を配当として受け取ることができる利益配当請求権、会社が解散あるいは倒産した際に債務を返済した後に残る財産の受け取りを請求する残余財産請求権を保有している[1]。しかし、会社には株主だけではなく、従業員、消費者、地域社会などの様々な利害関係者が存在する。この付加価値を様々な利害関係者に対してどのように配分するのかがコーポレート・ガバナンスの課題となる。

　会社の規模が大きくなるにつれて、資金需要に応じて会社か株式を発行する。その結果、株式が市場に高度に分散化し、会社を支配するに十分な株式を持つ大株主が消滅し、株主の会社経営に対する影響力が低下することになる。一般の株主は経営方針よりも会社の株価や利益配当に関心を持つので、経営者にとっては市場の平均的な配当や株価を維持しておけば株主の経営方針を気にせずに、自分たちの経営を進めることができる。つまり、株主と経営者の関係が変わり、経営者の企業経営に対する自由裁量が増大することになり、経営者が会社経営を支配する経営者支配の状況が生まれるのである。

　本章では日本企業を取り巻く環境変化を捉えながら、コーポレート・ガバナンスの動向を考察していく。

1　ここでは普通株に伴う権利を記しているが、議決権や利益配当、残余財産の分配などの点で権利が異なる種類株式が存在する。

【The Right of Stockholder】
　The rights of stockholders are composed of the three right written below
・Voting right
　The right of stockholders to vote on matters of corporate policy, decisions on issuing securities, and selection of the board of directors at general meetings of stockholders. Through voting right, stockholders can engage in corporate business.

・Residual Claim
　If corporations liquidate their assets, dissolve their business, or go bankrupt, then the bondholders, suppliers, and employees receive a predictable payout. The stockholder can claim the residual, the amount left over.

・Dividend Claim
　The right to receive profits generated by corporate activity as dividends

▶2. 日本のコーポレート・ガバナンスの現状・課題

　かつての日本の大企業では関係会社やグループ内の会社間で株式を持ち合い、株式市場からの影響力を防ぐ仕組みが構築されていた。すなわち、メインバンクを中心に事業会社同士の株式持ち合いを中心とした所有構造が形成されていたのである。とりわけ、2000年代までは三菱、三井、住友、芙蓉、三和、第一勧銀の6つの企業集団が日本経済を支配し、日本の大企業の多くはこの企業集団に属していた。集団内の企業は安定株主として、株式保有先の企業に影響をお互いに及ぼさない暗黙の了解が存在していた。取締役会の構成は社内出身者で占められ、取締役会による企業に対する監視・監督機能は弱い状況であった。

　企業は資金調達をメインバンクからの間接金融に依存する一方、外部の株主の影響力を排除することにより、長期的な視点で経営を行うことができた。メインバンクは、貸付先企業の業績悪化の際に、役員を派遣するなどして企業経営に介入することがあったが、通常は、外部の株主や銀行は企業経営に影響力を及ぼさず、経営者は株価と配当を維持することにより、企業の成長を指向した経営が行われていた。

▶2. Conventional System of Japanese Corporate Governance

- Japanese corporate governance was characterized by the following:
  – <u>Block shareholding</u> by corporations and financial institutions in particular; extensive inter-corporate shareholding
  – <u>Low foreign shareholding ratios</u>
  – <u>Absence of an external market</u> for corporate control
  – <u>Role of the main banking system</u> in corporate monitoring
  – <u>Insider-dominant board of directors</u>

【The Big Six Business Groups and Main Bank】

  In Japan the big six business groups used to be centered on the mainbank system.
- "Mitsui," "Mitsubishi," "Sumitomo," "Fuyou," "Sanwa," and "Ichikan"
- Large listed corporations were inclined to join any one of these business groups.
- Main bank is a borrower and a stockholder of corporation composed of business group.
- Main bank is usually a silent shareholder.
- However if corporate performance has drastically declined and was in predicament, Main bank could become a substantial monitor and intervene the business of corporation by dispatching officers or board member to corporation.

【従来の日本企業のガバナンスと戦略的特徴】

　このような株主不在のガバナンスは、企業が長期的な視点で経営を行うことを可能にした。終身雇用、年功序列で特徴づけられる日本型の長期雇用を下支えし、時間をかけて人材を育成し、研究開発や設備投資を行うこととなった。とりわけ、日本のものづくりの現場において、長期的な雇用形態は、従業員が技能向上に取り組んだり、集団で品質改善活動を行ったりする前提条件であった。このような技能向上や品質改善活動が、日本のものづくりにおける高い品質に大きく貢献したのである。しかし、1990年代以降の日本経済の長期低迷ならびに、雇用環境の変化などの要因が日本のコーポレート・ガバナンスのあり方に変化を迫った。

【日本企業を取り巻く環境変化】

　1990年代初頭のバブル崩壊以降、株価が下落し、持合い株式が含み損や評価損を発生させ、企業業績を圧迫するようになった。そのため、企業は持合い株を売却する一方、銀行も不良債権を抱えるなかで、処理のために保有株式を売却した。法人や銀行が売却した株式を購入した主体は、海外の機関投資家であった。また、企業集団の中核にあったメインバンクも、2000年代以降、みずほフィナンシャル、三井住友、三菱UFJグループへと再編が進んでいった。企業は資金調達において、社債発行の規制の緩和や銀行の貸し渋りの影響を受けて、直接金融にシフトしていった。株式持ち合いの解消、外国人株主の増加により、日本企業は株式市場からの圧力に晒されるようになった。

【Why Cross-shareholding Matters?】
- Pros: The condition of long-term management (Abegglen and Stalk [1985]; Porter [1992], [1994]; Odagiri [1992])
- Cons: Entrenchment of management from the capital market–insider control, inducing overinvestment (Morck, Nakamura and Shivdasani [2000])

【Transformation of the Environment Surrounding Japanese Companies】
- Since the bubble economy burst in the early 1990s followed by an economic recession, the value of cross-shareholding has decreased.
- Stable shareholding has declined, while foreign institutional share ownership has emerged
  – It exposed corporations to strong market pressures.
  – It enhanced the vigilance of boards and separating them from the management (board independence).

▶3. 株主アクティビストの増加

　1990年代後半以降、株式市場において機関投資家や外国人ファンドのプレゼンスが高まってきている。持ち合い株主のような「物言わぬ株主」とは異なり、機関投資家や外国人ファンドは、「物言う株主」として、日本企業に対して影響力を及ぼすようになってきている。機関投資家やファンドによる株式保有を通じた企業へのガバナンスとしてウォールストリート・ルールとリレーションシップ・インベストメントの2つがあげられる。

　ウォールストリート・ルールとは、株主は会社の経営に賛成できなければ、所有する株式を株式市場で売却をすることで企業に圧力をかけることである。大株主が株式を手放し株価が暴落すれば、その会社の経営者は経営責任をとって辞任をせざるを得なくなり、株主が企業業績や経営に賛同できないことを示すうえで有効な方法となる。しかし、株価が低迷基調で株式を売却すると売却損が発生し、その株主も損失を被ることにもなる。

　それに対してリレーションシップ・インベストメントとは株主総会において、直接的に発言したり、経営者の交代を求めることなど株主の権利を正当に行使し、投資先企業の経営に株主総会を通じて直接、関与することである。つまり、一定の株式保有を背景として投資収益の向上を目的に企業に対して経営改革や経営改善を要求していく。外国人ファンド、機関投資家の要求項目として「取締役の派遣」、「事業分離・売却」、「CEO・他取締役の交代」、「現金配当・自社株買い」、「買収防衛策の撤回」、「事業再編」等の幅広い項目があげられている（吉川［2014］）。

▶3. The Increase of Activist

【"Wall Street Rule" and "Relationship Investment"】

Two ways of monitoring system by active shareholders.

1) "Wall Street Rule":

   Institutional investors exert pressure on corporate business by selling holdings if they are not satisfied with the corporate performance.
   - Threatening top management to be discharged if it could not enhance performance.

2) "Relationship Investment":

   Investors address their requests in corporate business by executing voting right at general stockholders' meetings.
   - Investors motivate top management to enhance the firm value through "voice system."

【コーポレート・ガバナンスと株主アクティビスト】

　日本においては、2000年代以降にこのようなアクティビストといわれる「物言う株主」の動きが活発化した。例えば米国の投資ファンドであるスティール・パートナーズは、2007年頃にブラザー工業や江崎グリコのような日本の主要企業に増配（前の期よりも株式配当を高くすること）を要求し、ブルドックソースやアデランスのような企業の株式を買い集め、買収しようとする態度を示した。ブルドックソースでは、買収防衛策の発動によりこれを乗り切ったが、アデランスではその後、社長再任が否決されるなどスティール・パートナーズの圧力に晒されることになる。リーマンショック以降の信用収縮の中で、物言う株主たるアクティビストの影響は一時的に弱まるが、2012年以降のアベノミクスの中で外国人ファンドや機関投資家が日本株に注目し、アクティビストの活動も活発化する傾向にある（臼井［2016］）。

　米国の投資ファンドであるサードポイントは2013年にソニーに対して7％の株式を保有していると表明し、ソニー・エンタテイメントの株式を公開して15〜20％を売却するという分離上場やソニーの中核部門であるソニー・エレクトロニクスは成長分野に注力すべきであるという経営提案を行った。さらに、ソニーの低迷するパソコン事業とテレビ事業の再編に向けた取り組みを要求した。このような圧力の中で、ソニーはVAIOブランドでかつて一世を風靡したパソコン事業を売却し、中核事業であったテレビ事業を分社化することになった（吉川［2014］）。

　機関投資家や投資ファンドは、ポートフォリオによる分散投資を浅く広く投資先企業に関与する形で投資活動を行っている。機関投資家が分散投資を行う一方で、投資先の個々の企業経営に関心を払わない事態も生じてくる。つまり、形骸化したエンゲージメントが行われるリスクが存在する（江口［2016］）。

【Corporate Governance and Activist Investor (1)】
- With a substantial amount of stockholdings, foreign funds and institutional investors demand that corporations undertake a reform or increase dividends for stockholders.
- Activist Investor
  An individual investor or institutional investor who effects a major change in the corporation or tries to obtain seats on the its board to make the corporation they are investing in valuable.
  – Goals of activist investors: Increasing dividends, obtaining seats in the board, appointing a new CEO, divestiture, restructuring the corporation, withdrawal of takeover defense measure

【Corporate Governance and Activist Investor (2)】
- Steel partners purchased a substantial amount of stock in Japanese listed corporations and demand corporations such as "Brother Industries," "Ezaki Guriko," and "Aderans" around 2007.
- Third Point, the U.S. activist fund, declared 7% stockholdings in Sony in 2013 and demanded that Sony should undertake drastic reforms by selling 15-20% stocks of Sony Entertainment, a subsidiary company of Sony
  – Sony should concentrate on Sony Electronics, most growing area in Sony Corporation.
- Under such pressures, Sony has sold personal computer sector which used to dominate worldwide market in the past and spun off T.V. sector which used to be core business unit.

▶4. スチュワードシップ・コードとESG投資

　短期的な利益の追求だけでなく、投資家が株主のスチュワード（資産運用受託者）として規律に従った行動をとることを促すため、2014年に金融庁によりスチュワードシップ・コードが制定された。投資家に企業との対話や経営へのエンゲージメントを求め、当該企業の企業価値の向上や持続的成長を促すことを目的としている。スチュワードシップ・コードは、1）スチュワードシップ責任を果たすための方針の策定・公表、2）利益相反の管理の方針の策定・公表、3）投資先企業の状況の的確な把握、4）投資先企業との「目的を持った対話」、5）議決権行使や行使結果の公表の方針の策定等、6）顧客・受益者に対する定期的な報告、7）企業との対話やスチュワードシップ活動に伴う判断を適切に行うための実力を備えること、の7つの原則から構成されており、投資先企業の企業価値を持続的に向上させるために影響力を行使することを政策として求めている。

　さらに、近年、企業の財務的情報だけではなく、非財務的情報を考慮したESG投資が注目を集めている。ESG投資とは、Environment（環境）、Social（社会）、Governance（ガバナンス）の視点を重視した経営が長期的な企業価値の向上に貢献するという考え方に基づき、長期的なリターンを追求するという投資形態である。ESG投資の手法として、ESGの観点から投資先を選別する「スクリーニング」や企業への対話や議決権行使を通じて企業へのESG問題への取り組みを促す「エンゲージメント」やESGを投資分析の中に入れる「インテグレーション」があげられる。このような環境や社会的問題を考慮する投資の世界的な残高は、2012年の13.3兆ドルから2014年の21.4兆ドルへと約60％増加している。日本でも独立積立年金管理運営独立行政法人がESG投資を進める姿勢を表明している（宮崎［2016］）。このようにESG投資は企業が環境問題や社会的問題に取り組む経営を促し、ESGがブランドや顧客基盤のような「無形資産」となり、サスティナビリティを追求する上で欠かせない要素となっているのである（小平［2016］）。

▶4. Stewardship Code and ESG Investment

【Stewardship Code】
- Stewardship code aims for investors to engage in corporate business in order to enhance firm value and secure sustainability.
  1. Define a clear policy on how to fulfill their stewardship responsibilities
  2. Define a clear policy on how they manage conflicts of interest in fulfilling their stewardship
  3. Monitor investee companies
  4. Hold dialogue between institutional investors with investee companies
  5. Define a clear policy on voting and disclosure of voting activity
  6. Report periodically on how they fulfill their stewardship responsibilities, including their voting responsibilities, to their clients and beneficiaries
  7. Have in-depth knowledge of the investee companies and their business environment and skills and resources needed to appropriately engage with the corporation

【ESG Investment】
- The Environmental, Social, and Governance (ESG) Criteria is a set of standards for a company's operations that socially conscious investors use to screen investments.
- E: Environmental factor considers the natural environment.
- S: Social factor promotes corporations to build relationships with stakeholders: employees, suppliers, customers, and the communities in which it operates.
- G: Governance deals with a monitoring system, internal control, executive pay, and shareholder rights.
- ESG factors are integrated into investment analysis, screening, and portfolio construction, which offer investors and corporations to pursue long-term business and performance.

▶5. エージェンシー理論の視点でのコーポレート・ガバナンス

　コーポレート・ガバナンスにおいて、株主と経営者との関係を分析するのに適切な議論として、エージェンシー理論があげられる。この理論はジェンセンとメックリング［1976］により提唱され、株主と経営者との関係を依頼人（プリンシパル：Principal）と代理人（エージェント：Agent）の観点から捉え、エージェントたる経営者は株主から企業経営を委託されたものと想定する。経営者は企業業績などの経営判断の結果について、株主に説明責任を負うことになる。エージェンシー理論において、株主と経営者は、企業経営に対するリスクが異なると仮定する。

　プリンシパルたる株主は、投資に際してポートフォリオを組むことにより、分散投資することで会社経営へのリスクを削減することができる。つまり、ある会社の投資で失敗しても、別の会社の投資から利益を回収させすればよい。そのため、株主はリスクに対して果敢に挑むことが可能であり、投資に対してリスク選好的な態度を示すことが想定される。このことは先述した機関投資家のエンゲージメントにおける課題とも関係している。一方、エージェントたる経営者は、自身の経営活動からのみ報酬を得ることになる。このような経営者の努力・行為を経済学では、経営者が行う関係特殊投資と捉えられている。言い換えるならば、経営者の経験・活動からの投資から回収される収益は、経営者として活動している企業のみからであり、その経営リスクを他社に分散することはできない。株主の期待に応えうる業績・成果を残せない場合は、報酬減額あるいは、解任の高いリスクを負うことになる。このようなことからエージェンシー理論では、経営者は自己保身や地位安定化のためにリスク回避的な行動をすると想定されている（Jensen and Meckling［1976］；Jensen［1984］）。

▶ 5. Agency Theory and Risk Tolerance

- Agency theory assumes that a conflict between shareholders and management arises when management pursues its own interests.
- Shareholders and management are exposed to different risks regarding corporate business
- Shareholders can reduce risk by diversifying their investment portfolio,
  – they tend to prefer risk-taking activities.
- Managers cannot apply diversification to reduce risk to the same extent as shareholders can (Chen [2009]; Jensen [1986]; May [1995]).
- Managers devote their efforts to one corporation and engage in human-specific investments that yield no returns from other corporations, while managers face the risk that their position would be terminated if company performance declines.
- Corporate managers are therefore risk-averse in preserving their positions.

【株主と経営者間のリスク差異と情報の非対称性】

　エージェンシー理論では、このような株主と経営者との間のリスクの差異を認識し、株主と経営者の利害が一致しないと捉える。そして、株主は日常的に経営に従事していないので企業の業務のすべてを把握できず、経営者との間で経営に関する情報の非対称性の問題が生じてくる。そのため、株主は経営者の行動を把握することが困難となり、監視・監督を行うためにコストが生じる。このことはエージェンシー・コストと呼ばれ、エージェントである経営者の行動がプリンシパルである株主価値の最大化から乖離することがエージェンシー問題なのである。

　この問題への方策として、経営者の報酬と業績とを連結させる業績連動型報酬の導入と、社外取締役の採用により取締役会の経営者への監視機能を高めることがあげられる。業績連動型報酬の代表的なものとしてストック・オプションがあげられる。ストック・オプションは、自社の株式をあらかじめ定められた価格（権利行使価格）で購入する権利である。日本企業において、ストック・オプションを付与した企業は535社に上る。さらに、近年、日本企業にリストリッド・ストックリスト（Restricted Stock）という一定期間の譲渡制限が付された現物株式を役員に付与する株式報酬制度が広まりつつある。このような外生的なインセンティブを経営者に与えることにより、経営者が市場・株主を意識した経営に取り組むことを促している。

【The Risk Differentiation and Information Asymmetries between Stockholder and Top Management】
- Besides risk differentiation, Information Asymmetries exist between principal and managers.

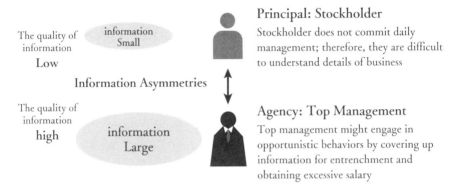

【Fig.4-1 Agency Theory and Information Asymmetries】

▶6. 取締役会改革の動向

　日本企業は株主の圧力に晒されるようになってきたが、今様々な形でコーポレート・ガバナンスの改革に取り組んでいる。その１つでもある取締役会改革は社外取締役の導入、取締役会会長とCEOとの分離により、取締役会の独立性の確保ならびに、監視権能の向上させることを目的としている。

　従来、日本の取締役会は規模が大きく、社内取締役を中心として構成され、意思決定・監督と業務執行が未分離のため、適切な経営者への監視機能が働かないことが問題とされていた。1990年代以降、機関投資家の台頭する中で、意思決定・監督と業務執行の分離、社外取締役の導入、執行役員制などの点から取締役会改革が進められてきた。委員会設置会社は、取締役会に取締役や執行役員の候補者を選任する指名委員会、執行役員・取締役の業務を監査する監査委員会、取締役や執行役員の報酬を決定する報酬委員会を中心とした委員会が取締役会に設置された会社であり、委員会の設置により経営の意思決定・監督と業務執行を明確に分離し、経営監督機能の強化を期待することができる。

　日本では、ソニーの1997年の取締役会内委員会設置や執行役員制の導入が取締役改革の嚆矢であった。法律としては2003年の商法特例法改正により委員会等設置会社が規定され、2006年制定の会社法の中で、委員会設置会社という名称に変更され、会社の規模に関係なく委員会設置会社に移行することができるようになった。しかし、指名・監査・報酬の３委員会の設置ならびに、委員会の構成メンバーの過半数は社外取締役にするなどの構成要件が厳しく、委員会設置会社を導入する企業は少数であった。

▶6. The Trend in the Reform of Corporate Board

【The Reform of the Corporate Board(1)】
- The problems of conventional corporate board in Japan are:
  - Insider-dominant board-large size of board
  - unseparated function between monitoring and strategic execution
- Points of board reform
  - The adoption of outside director to enhance monitoring function in a corporate board
  - The division between decision-making, monitoring, and implementing is clearly demarcated.
  - The adoption of committee system to ensure the effectiveness of supervisory functions
- Nomination Committee decides director nominees.
- Compensation Committee decides the compensation of Directors and Executives.
- Audit Committee takes a role of overseeing financial reporting and disclosure.

【The Reform of the Corporate Board(2)】
- In Japan, Sony has launched a committee system. In commercial law, a committee system was introduced.
- However, in Japan only a few corporations have adopted a committee system.
- In 2015, in order to promote the committee system and the appointment of an outsider director, company law introduced audit committee into the company, which is a hybrid of a conventional system with an auditor and committee system.
  - Committee system is transferred into company with nomination committee, etc.

【監査等委員会設置会社の概要】

　そこで、2014年に会社法が制定され、従来の監査役設置会社と委員会設置会社の中間的な性格を備えた監査等委員会設置会社が新設された。監査等設置会社では取締役会に委員会として監査等委員会を設け、監査等委員会では社外取締役が過半数で構成されるため、最低でも3名（社内取締役1名と社外取締役2名）の取締役が委員となる。さらに、業務執行取締役を1人以上が求められ、取締役会全体の人数は最低4名となる。一方、監査役会設置会社の場合、2名以上の社外監査役の選任が義務付けられている上に、会社法では必ず1名社外取締役を置くことが義務付けられている（塚本［2015a］）。

　2015年に設けられたコーポレートガバナンス・コードでも2名以上の社外取締役を設置すべきとし、設置しない場合はその理由を説明しなくてはならない。このように考えると監査等設置会社では、社外取締役は2名おけば構成要件を満たすことになり、監査役を設置する義務もなく、企業にとっては負担感が少ないシステムと捉えることができる。このように取締役の人数を減らし、スリムな取締役会運営が可能となる。

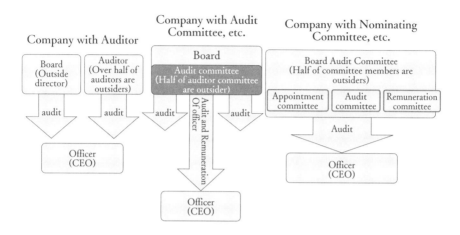

【Fig.4-2 Three Types of Corporate Board Systems from 2015】

【Tab.4-1 The Number of Companies which Make the Transition to a Company with Audit Committee, etc.】

[as of October 1st, 2015]

Market Division (Tokyo Stock Exchange)	Transition to a "Company with Audit Committee, etc." (217)	The number of listed companies (The percentage of listed companies which make the transition to a 'Company with Audit Committee, etc.' among companies listed on Tokyo Stock Exchange)
1st section	108 (49.8%)	1,893 (5.7%)
2nd section	31 (14.3%)	542 (5.7%)
Mothers	11 (14.3%)	217 (5.1%)
JASDAQ	57 (26.3%)	810 (7.0%)

Source: Created based on Tsukamoto [2015b] p.8

さらに、会社法では「重要な業務執行の決定」を業務執行を行う社内取締役に権限移譲することができ、社内取締役主導での機動的な意思決定が可能となる。このように取締役会の監査業務への実効性が高まることが期待でき、海外投資家からの高く評価されている。しかし、監査等委員会設置会社では業務執行の決定権限を社内取締役に大幅に委譲することから、意思決定において適切な監査が行えない可能性がある。また、いわゆる「横滑り」と呼ばれる監査役設置会社における監査役が、監査等委員会設置会社に移行した際に、監査等委員に就任することもあり、実効性あるガバナンス機能が果たされているかどうか疑問を呈されている。

【Tab.4-2 The Number of Companies in Which Directors in the Audit Committee Used to be Auditors Themselves】

[as of June 1st, 2016]

The number of directors who used to be auditors	The number of companies, out of 219 companies, which made the transition to a 'company with an Audit Committee, etc.' in 2016
0	10 (3.4%)
1	54 (18.6%)
2	115 (39.5%)
3	91 (31.3%)
4	19 (6.5%)
5	2 (0.7%)

Source: Created based on Tsukamoto [2016] p.43

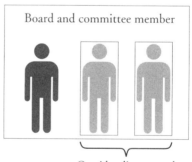

CEO of President who is not a member of the committee (Insider) Inside director who cannot be CEO and officer

Outsider director and Committee member (Outsider)

【Fig.4-3 Company with Audit Committee, etc.】

▶7. セブン&アイ・ホールディングスでの事件

　日本企業のコーポレート・ガバナンスの変化について、2016年に生じたセブン&アイ・ホールディングスの事件から検討したい。セブン&アイ・ホールディングスの鈴木敏文会長（当時）がセブン－イレブン・ジャパンの井坂隆一社長（当時）を更迭しようとして、外国人機関投資家サードポイントの存在を背景に、取締役会で鈴木会長の人事案が拒否され、逆に退任に追い込まれる事件は社会的に大きな衝撃を与えた。セブン&アイ・ホールディングスは、総合スーパーのイトーヨーカドー、コンビニのセブン－イレブン、百貨店の西武、そごう、銀行のセブン銀行を傘下にもつ持株会社である。創業者の伊藤雅俊が名誉会長として存在しているが、実質的な経営は鈴木会長が握っていた。鈴木会長はイトーヨーカドー入社後、アメリカのセブン－イレブンのライセンスを取得し、現在のセブン－イレブン・ジャパンやセブン&アイ・ホールディングスの発展に貢献しただけではなく、日本にコンビニ文化を根付かせた人物でもある。

【事件の経緯】

　セブン&アイ・ホールディングスの株式は、創業家・伊藤家の資産管理会社である伊藤興業7.77％、伊藤名誉会長が1.9％、伊藤家が計9.67％を保有していた。2014年鈴木敏文会長は自身の持ち株のうち約30万株を売却し、外資系ファンド、サードポイントが2015年までに8％の株式を保有することになった。事件の発端は、鈴木会長がセブン－イレブン・ジャパン井坂社長を解任しようとしたことである。セブン&アイグループで8割の利益を出し、2016年2月まで5期連続で最高益を更新しているセブン－イレブン・ジャパン社長を合理的理由がないにもかかわらず解任しようとし、そのことに対して社外取締役を中心に反対の声があがった。

▶7. Case Study: The Incident of Seven & i Holdings Co.

- Japanese diversified retail group is composed of Ito-Yokado (General Merchandising Store), Seven-Eleven Japan (Convenience Store), Sogo, Seibu (Department Store), and Seven Bank.
- Toshifumi Suzuki Chairman, Seven & i Holdings, helped revolutionize his country's retail sector.
- As the founder of Seven-Eleven Japan convenience stores, he introduced franchising to the Japanese retail industry in 1974. It eventually grew to a chain of over 14,622 units by 2012, with many stores operating 24 hours a day.
- He pushed the franchise concept in new and creative directions.
- He has been a pioneer in the gradual introduction of business-to-consumer, e-commerce.

【The Issues of Corporate governance in Seven & i Holdings】
- Mr. Suzuki tries to replace President Ryuichi Isaka with Vice President Kazuki Furuya.
  - Suzuki condemns Isaka's negligence
  - Seven-Eleven Japan has been enjoying good performance for the past 10 years and is the most profitable corporation in Seven & i Holdings while other corporations like Ito-Yokado have been sluggish.
  - Isaka contributed to the growth of Seven & i Holdings and is reputed to be a highly able manager.
- Mr. Suzuki actually intended his son to take over the position.

STOCKHOLDINGS IN SEVEN & i HOLDINGS CO.

Stockholder	The rate of Stockholding (%)
Ito Kogyo (Asset management company of Ito family)	7.77
Japan Trustee Services Bank (asset bank of Mitsui and Sumitomo group)	5.11
The Master Trust Bank of Japan (asset bank of Mitsubishi group)	4.74
JP Morgan and Chase Manhattan	2.62
Japan Insurance	1.99
Masatoshi ITO	1.9
Mitsui Trading Company	1.83
Nomura Securities Company	1.56
State Street Bank and Trust Company	1.38

Stocks held by founding Ito family 9.67%
+
Stocks held by Third Point 8%

Around 20%

Source: WEEKLY DIAMOND, 2016/5/14, p.32

鈴木会長は大株主のサードポイントが解任に反対の意向を示し、さらに、「鈴木会長が息子の康弘氏を後継者にするという噂がある」ことについて強い懸念も示した。セブン＆アイ・ホールディングスは監査役設置会社であるが、任意で指名・報酬委員会を2016年3月に設置していた。その指名・報酬委員会で伊藤邦雄社外取締役ならびに、米村敏朗社外取締役が子会社会長交代案に反対し、その後の取締役会でこの案に対して否決された。創業者の伊藤雅俊名誉会長も反対の意見を示し、結果的に鈴木会長は職をおり、名誉顧問として経営の一線から退くことになった。

　従来の日本企業はメインバンクや事業会社同士の株式持合を中心とした所有構造が形成され、取締役会構成が社内出身者で占められるなど内部者優位のガバナンスが構築されていた。この事件は、取締役会が鈴木会長のトップの独走を止め日本のコーポレート・ガバナンスが機能したことを示した一例であった。

【Third Point LLC】
- Third Point LLC is a foreign investment fund that has championed a corporate governance overhaul by Prime Minister Shinzo Abe in Japan
- It pushed for better returns from companies including electronics maker Sony Corp. and robot manufacturer Fanuc Corp.
- Loeb claimed the company risked taking actions grounded in nepotism rather than doing what is best for its shareholders.

【Governance by institutional investors】
- Third Point put pressure on outside director Dr. Ito, Head of Appointment and Remuneration Committee and professor at Hitotsubashi University.
- Third Point promotes Dr. Ito to reject the proposal by CEO Suzuki to fire Mr. Isaka.
- The person who established the Appointment and Remuneration Committee in Seven & i Holdings was Mr. Suzuki. He introduced market-oriented governance in Seven & i Holdings Co.

【Corporate governance in Seven & i Holdings Co.】
- At the board, Suzuki's bid failed to secure majority support.
- Of the 15 board members, 7 voted for Suzuki's proposal, 6 voted against, and 2 abstained, the company said.
- Seven & i Holdings set up a nomination committee to ensure transparency in personnel changes.
- This incident is taken as a case in which corporate governance system has well functioned.
- However, questions were raised about the legitimacy of replacing Isaka.

▶8. おわりに

　近年のコーポレート・ガバナンス改革は、投資家と企業との対話を強化させ、中長期的に企業価値を向上させることを目的としている。そのため、取締役会の独立性や監視機能を高めるために、社外取締役の導入や監査等委員会設置会社の設置や、インセンティブ方策としてストック・オプションなどの活用が進められている。しかし、多くの日本企業において社外取締役の比率が極めて低く、監査等委員会設置会社においても、監査役会設置会社における社外監査役がそのまま監査等委員に就任する「横滑り」の問題がある。さらに、監査等委員会設置会社では業務執行の決定権限を業務執行取締役に大幅に委譲することから、意思決定において適切な監査が行えない可能性がある。このように実効性あるガバナンス機能が果たされているかどうか疑問を呈されている。

　近年のコーポレート・ガバナンス改革をコーポレートガバナンス・コードならびに、スチュワードシップ・コードから捉えると、企業は株主だけではなく、様々な利害関係者に対して対話を行い、長期的な企業価値向上を図ることを目的としている。ESG投資に代表されるように、株主以外の様々な利害関係者と協働しながら、環境、社会に配慮したガバナンスに対する関心が高まってきている。社会と共生し、価値向上を図るガバナンスを遂行することが企業に求められているのである。

▶ 8. Conclusion

- Even though corporate governance reforms have taken place, the effect of monitoring remains questionable.
  - The ratio of outsider in corporate boards is only few.
  - Auditors in the conventional system become a member of the company's auditor committee: the problem is "Sideslip"
- Recent corporate governance reform aims to enhance firm value in the long run.
- Corporate governance should consider environmental and social aspects in order to secure the sustainability.

参考文献　References

Chen, R., M. Dyball and S. Wright [2009] The Link Between Board Composition and Corporate Diversification in Australian Corporations, *Corporate Governance: An International Review*, Vol.17, No.2, pp.208-228.

Jensen, M. and W. Meckling [1976] Theory of the firm: Managerial behavior, agency costs and ownership structure, *Journal of Financial Economics*, Vol.3, Iss.4, pp.305-360.

Jensen, M. [1986] Agency costs of free cash flow, corporate finance, and takeovers, *American Economic Review*, Vol.76, No.2, pp.323–29.

Jensen, M. [1989] The eclipse of the public corporation, *Harvard Business Review*, Vol.67, pp.61–74.

May, D. [1995] Do managerial motives influence firm risk reduction strategies?, *The Journal of Finance*, Vol.50, No.4, pp.1291-1308.

臼井正和［2016］「アクティビスト・ヘッジファンドとコーポレート・ガバナンス」『商事法務』No.2019、34-47頁。

江口高顕［2016］「エンゲージメントの時代における機関投資家の役割―日本における新しい投資家増構築を目指して―」『商事法務』、No.2019、24-34頁。

小平龍四郎［2016］『企業の真価を問うグローバル・コーポレート・ガバナンス』日本経済新聞社。

塚本英巨［2015a］『監査等委員会導入の実務』商事法務。

塚本英巨［2015b］『監査等委員会設置会社移行会社の事例分析』商事法務。

塚本英巨［2016］「平成28年6月総会における監査等委員会設置会社への移行会社の分析―平成27年6月総会における以降会社と比較しながら」『資料版/商事法務』No.389、33-47頁。

宮崎正浩［2016］『持続可能性経営～ESGと企業価値との関係を考える～』現代図書。

吉川英徳［2014］「米国アクティビスト動向と日本企業への示唆」『大和総研重点テーマレポート』大和総研、1-9頁。

Chapter 5 章

情報管理と生産管理システム
Information Management and Production Management System

山下 洋史
Hiroshi YAMASHITA

本章のキーワード【Keywords in the Chapter】

工業社会、情報社会、3M+I（ヒト・カネ・モノ・情報）、情報と知識の価値、ITからICTへ、生産システムの同期化、スケジューリング問題、生産管理のための情報システム、MRPシステム、JITシステム、BPR、SCM、TOC（制約理論）	Industrial Society, Information Society, 3M+I, Value of information & knowledge, From IT to ICT, Production system synchronization, Information system for production management, MRP system, JIT system, BPR, SCM, TOC (Theory of Constraints)

【概要】

本章では、企業活動を支える3M+I（ヒト・カネ・モノ・情報）という経営資源の中で、「情報」と「モノ」に注目し、生産と販売の同期化のための情報管理と生産管理について論じていくことにする。これにより、生産と販売の同期化が、タイムリーな商品の供給と在庫削減の両立を可能にすることを示唆する。

【Summary of the Chapter】

This chapter focuses on the "Information" and "Material" part of the management resources 3M+I, namely Man, Money, Material and Information, for corporate activities. It discusses the information management and the production management needed for proper synchronization between production and sales. Then it suggests that the above synchronization enables the reduction of inventory and the timely supply of products.

▶1. 経営資源

【従来の工業社会における経営資源】

　一般に、現代社会は「情報社会」あるいは「情報化社会」と呼ばれるが、こうした社会は一朝一夕で形成されたわけではない。人類は、狩猟・採取社会→農業社会（農耕・牧畜社会）→工業社会→情報社会というプロセスで社会を形成し（山下［1999］）、長い時間をかけて現在の情報社会へと辿り着いた。ここで工業社会に注目すると、産業革命から、コンピュータが企業活動に導入されるようになるまでが「工業社会」であり、それ以降が「情報社会」である。産業革命以前には農業が主要な産業であったが、蒸気機関が発明され、大量生産が可能になると、工業が主要な産業としての地位を築いたのである。

　工業社会では、企業活動に必要な経営資源を、ヒト・カネ・モノ（3M；Man, Money, Material）として位置づけていた。優秀な人材（Man）と、多くの資金・売上（Money）、そして魅力的な製品や高性能の設備・機械（Material）こそが、企業の競争力を高める経営資源であり、情報については、まだ企業活動を支える重要な経営資源として認識されていなかったのである。

【情報社会における経営資源】

　戦後の1940年代に入ると、世界初のコンピュータ（ENIAC）が開発され、情報社会が到来するとともに、3Mのみならず情報についても企業活動を支える重要な経営資源として認識されるようになった。これにより、企業活動に必要な経営資源は、3M＋I（ヒト・カネ・モノ・情報）であるとの認識へと移行していくこととなった。

　現在の企業経営は、こうした4つの各経営資源の管理と、3M＋Iの総合的な管理（経営管理）によって支えられている。本章で焦点を当てる情報管理と生産管理は、それぞれ情報（Information）とモノ（Material）という経営資源を対象としている。他の経営資源に関しては、人的資源管理がヒト（Man）を、また財務管理がカネ（Money）を、それぞれ管理の対象としている。

▶ 1. Management Resources

【Management Resources in Past Industrial Society】
- Management resources for corporate activity : 3M
- '3M' means
  - Man
  - Money
  - Material
- The effective use of 3M generates
  - more profits for the company
- The management for each element of '3M'
  - Human resource management : Management for Man
  - Financial management : Management for Money
  - <u>Production management</u> : Management for Material

【Management Resources in the Information Society】
- The information society has arrived
  - since the computer known as "ENIAC" was invented in 1945
- The advent of the information society
  - besides 3M
    - <u>information</u> has been also recognized
    - as important resources
    - to sustain corporate activities
- In modern society
  - management resources are '3M + I'
    - of course, the above 'I' refers to information
- <u>Information Management</u> becomes more important

【情報社会のさらなる進展】

　その後、情報社会に入ってからは、コンピュータのダウンサイジング化（小型化・高性能化・低価格化）と、ユーザーフレンドリーなアプリケーション・ソフトウェアの開発が急速に進展し、多くの人々がコンピュータを利用するようになった。すなわち、従来はハードウェアやプログラミング等の専門教育を受けた人のみが利用可能であったコンピュータが、現在では誰もが利用可能な存在になったのである。

　さらに、ITを活用しながら、さまざまな情報から価値のある知識（図5-3を参照）を生み出し、こうした知識の価値が企業の競争優位性を生み出すようになった。

▶2. 情報管理

【情報の魅力】

　「情報」という言葉には、実に魅力的な響きがある。それは、人間が常に直面する不確実性や複雑性を、情報が低下させる役割を果たしてくれるからであろう。すなわち、情報が上記の不確実性や複雑性からもたらされる人間の迷いや不安を奪い取ってくれるのである。そこで、人間は有用な情報を収集して分析し、それに基づいた意思決定を行うことにより、可能な限り合理的な行動をとろうとすることになる。

　さらに、上記の「魅力的な情報」を「うまく管理」することも、また組織にとって魅力的である。これこそが、本章で論じる情報管理の本質であり、情報という経営資源を有効に活用・管理することにより、組織は効率性を手にすることができるのである。

【Further Development of the Information Society】
- Conventionally, special education was required
  - such as programming and hardware mechanisms
  - in order to use computers effectively
- Recently, most people have used a computer
  - without any special education
  - by computer downsizing, such as
    - personalization
    - high performance
    - low cost
  - dissemination of user-friendly application software
- Importance of information has been increasing
  - valuable knowledge is being generated
    - out of various information
    - using Information Technology,

▶2. Information Management

【Information; an Attractive Word】
- The Word, Information
  - It sounds attractive and comfortable
  - Because it validates our decision making
    - by reducing complexity and our uncertainty
  - Furthermore, we gain an advantage over others through the above-mentioned validity
- Information Management
  - It is also attractive to manage this attractive information in the appropriate way
  - It makes an organization efficient

【情報とは？】

「情報とは何か？」といわれると、これを簡潔に説明することは難しい。それは、情報が統一的な色や形を持たず、人によってその捉え方に違いがあるからであろう。一般に、同じシグナル（信号）を受信しても、ある人にとってはそれが情報として認識され、他の人にとっては情報として認識されない。そこには、明らかに個人差が存在するのである。このことをふまえると、我々が「情報とは何か？」を考える上で、その有用性が重要な視点となることがわかる。こうした情報の有用性は、人間に何らかの意味を与えるメッセージとしての役割を果たすことを示している。

一方、情報は体積と重量を持たないという性格を有している。もちろん、大切な情報が書かれた紙には体積が存在するし、重量もまた存在する。しかしながら、それは「紙」であって、情報ではない。また、紙に書かれた文字にも若干の体積と微少な重量が存在するが、それはインクという物質であって情報そのものではない（山下［1999］）。情報の体積と重量はやはり0なのである。

以上のことから、本章では「情報」を「人間にとって有用な、体積も重量もない信号」（山下［1999］）として位置づけることにする。これに対して、人間にとって有用で、かつ体積や重量が存在すれば、それは「物質」となる。

【情報の有用性】

人間は、常に何らかの不確実性や複雑性に直面している。これらは、人間の合理的な意思決定にとって大きな障害となる。こうした不確実性や複雑性が人間の意思決定に迷いを生じさせると同時に、その際の誤りを生み出すのである。

これに対して、情報は上記の不確実性や複雑性を奪い取り、人間の意思決定における迷いを小さくする役割を果たす。人間は、有用な情報を得ることにより、自身の意思決定に介在する不確実性や複雑性を低下させ、より合理性の高い意思決定を実現しようとする。これこそが情報の有用性であり、人間は、自身の直面する不確実性や複雑性を、情報が低下させた分の価値を、情報から得ているのである。

【What Is Information?】
- The Difficulty with Defining "Information"
  - It differs between individuals
    - What kind of signal is received as information?
    - And what kind of signal is not received as information?
  - Information is characterized by the signal
    - It has neither physical volume (m^3) nor weight (g)
- The Role of Information
  - It reduces uncertainty and complexity
  - It facilitates human decision making
    - as a useful message for human beings (Yamashita [1999])

【Usefulness of Information】
- Human beings always are exposed to
  - uncertainty & complexity
  - as major obstacles to rational decision-making
  - for example, deepening doubts and making errors
- Information is able to play a role
  - in eliminating uncertainty & complexity
  - and avoiding the confusion which stems from human decision-making
- Human beings try to obtain useful information
  - to achieve a high level of rationality in decision-making
  - the usefulness of information is just in here
- Information will give us value
  - with the above reductions in uncertainty and complexity

【知識の有用性】

　人間は、情報を活用するだけでなく、その価値を増大させる能力を有している。それこそが、「知識」を生み出す能力である。知識も、情報と同様に、人間にとって有用で、かつ体積も重量も持たないメッセージとしての性格を有している。一方で、知識の有用性は、情報の有用性よりも高いと考える人が多いのではないかと思われる。

　それでは、情報と知識の間にはどのような共通点と相違点があり、それらの価値をどのように捉えることができるのであろうか？　以下では、こうした情報と知識の共通点・相違点、およびそれらの価値を検討していくことにしよう。

【情報と知識の関係】

　人間にとって、なぜ知識は情報よりも有用なのであろうか？　この問題を考える際に、Traub & Wazniakowski［1998］のIBC（Information Based Complexity；計算複雑性の理論）が、我々に有力な手がかりを与えてくれる。IBCによれば、情報（局所的情報）は「断片的で汚れている」とされる。このように、情報が断片的で汚れているとすれば、人間の意思決定にとって情報が不十分な存在であると言わざるをえない。

　そこで、人間は自身の意思決定にとって不十分な状態を十分にするために、断片的で汚れている多くの情報を、簡潔に滑らかに結びつける「大局的情報」を考えようとする。すなわち、断片的な情報をうまく関係づけることにより、全体像の把握を容易にするのである。また、汚れ（誤差・雑音）の大きさを推測し、それを除去することにより、きれいな状態を手に入れようとする。このような知的・創造的活動の産物がまさしく「知識」なのである。

【Usefulness of Knowledge】
- What is knowledge?
  - It is also difficult to define knowledge
    - as well as information
  - Knowledge is very useful
    - for human decision-making
  - Knowledge has
    - neither physical volume (m^3)
    - nor weight (g)
  - It is characterized by its signal
    - the same as information
- However, knowledge may be more useful than information
  - It reduces a lot of the uncertainty & complexity in human decision-making

【Relationship between Information and Knowledge】
- Information : Fragmentary & Dirty
  - According to IBC (Information Based Complexity; Traub & Wazniakowski[1998])

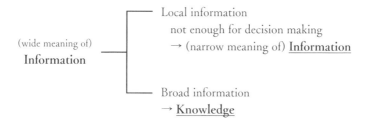

【Fig.5-1 Conceptual Structure of Information & Knowledge】

【大局的情報としての知識】

　人間が知識（大局的情報）を生み出すプロセスとその利点を、右頁の**図5-2**（山下［2005］）に基づき考えてみよう。まず、xとyの関係に関して、×印で示す情報（局所的情報）が与えられているものとする。しかしながら、これらの情報のみでは、xとyの関係の全体像を掴むことはできない。

　そこで、×印の局所的情報をなるべく簡潔にかつ滑らかに結びつけるような大局的情報を生み出すことになる。**図5-2**では、こうした大局的情報が、$y=ax+b$の一次直線である。これにより、xの増加とともに、yが増加するという全体像を掴むことができる。また、×印の情報を持たないx（●印）に関しても、yの値を推定あるいは予測することが可能になる。すなわち、多くの情報（局所的情報）をうまく結びつける大局的情報を生成することで、全体像の把握を容易にし、かつ情報を持たない場合でもyの推定や予測が可能になるのである。これこそが、大局的情報としての知識の果たす役割の大きさであると同時に、知識を生み出すという人間の知的・創造的活動の意義を示している。

【知識の価値】

　図5-3のように、①多くの情報（局所的情報x_i）を、②簡潔にかつ滑らかに関係づけることにより生み出される大局的情報が知識であるとすると、「良い知識」は、より多くの情報を、より簡潔で滑らかな写像として関係づけることができるはずである。そこで、筆者（山下［2005］）は、知識の価値を①「広範さ」と、②「簡潔さ」および「滑らかさ」によって捉える枠組みを提示している。①の広範さは、人間や組織の生み出す知識が、多くの情報を説明可能で、例外や異常値として取り扱われる情報が少ないことを意味する。また、②については、変数やパラメータが少なく、かつ関数の次数が小さいこと（簡潔さ）、および場合分けや階層数が少ないこと（滑らかさ）を表している。

　すなわち、我々が収集した多くの断片的情報（狭義の情報）の関係を、なるべく少ない例外や異常値で、かつより簡潔に滑らかに説明することができる大局的情報（写像f）こそが「良い知識」なのである。

【Knowledge as Broad Information】
- Fig.5-2 indicates the process to produce knowledge as broad information
    - by linking a lot of the information marked ×
  – Broad information is obtained
    - by the equation ($y = a \cdot x + b$) in Fig.5-2
  – It becomes possible to understand the overall relation
    - with the above knowledge as broad information
  – It also becomes possible to estimate or forecast
    - the value of y marked ●

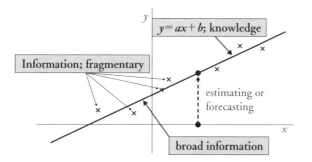

【Fig.5-2 An Example of Broad Information】

【Value of Knowledge】
- Good knowledge
  – can relates a lot of information simply & smoothly
    - for example, only few errors and outliers
  – If we have good knowledge
    - a lot of information may not be needed
- Therefore, the Value Components of Knowledge are
    { ①Extensiveness
    { ②Simplicity or Smoothness

【知識の生成プロセス】

　断片的で汚れている多くの情報（局所的情報）から知識（大局的情報）を生み出すプロセスを概念的に記述すべく、筆者（山下［2005］）は**図5-3**のようなフレームワークを提案している。**図5-3**は、n個の要素からなる状態Tに関して、m個の情報（局所的情報）を収集し、これらの情報をうまく関係づけることにより、状態Tを推定するという知識生成のプロセスを示している。

　一般に、我々が知ろうとする状態Tに関する情報x_iの個数mは、Tの要素数nよりも少なく（$m<n$）、こうした断片的な情報からTの全体像を把握するためには、大局的情報としての知識を生み出す必要がある。その際に、情報x_iには汚れd_i（誤差や雑音等）が含まれているため、まずこの汚れd_iを落とす必要がある。その上でm個の情報x_iを簡潔に、かつ滑らかに関係づけるような写像fを生み出すことにより、情報のない（$n-m$）個の要素を推測することになる。こうして生み出された写像fこそが、大局的情報としての知識であろう。このようなプロセスにより、我々は状態Tの全体像を知ろうとするのである。

【知識の価値におけるトレードオフ問題】

　人間が「良い知識」を生み出すために、①広範さや説明可能性の高い知識（大局的情報）にしようとすると、どうしても知識が複雑になり易く、②簡潔さや滑らかさが低下してしまう。反対に、②簡潔で滑らかな知識を生み出そうとすると、①広範さや説明可能性が低下してしまう。すなわち、①と②の間にはトレードオフの関係が介在しているのである。ここに、「良い知識」を生み出すことの難しさが潜んでいる。

　そこで、人間は上記のトレードオフを克服することにより、良い知識を生み出そうとすることになる。人間が良い知識を生み出すという知的・創造的活動の本質は、こうしたトレードオフへの対抗と克服にある。

【Knowledge Creation Process】

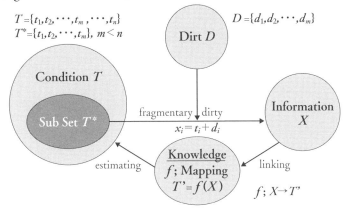

【Fig.5-3 A Conceptual Framework of Knowledge & Information】
Source: Yamashita [2005]

【Trade-off Problem of Knowledge Value】
- If we try to generate ①extensive or explanative knowledge,
  - this knowledge tends to becomes complicated
    - → ②simplicity decreases
- If we try to make ②simple or smooth knowledge,
  - the number of exceptions and outliers increases
    - → ①extensiveness decreases
- So, there is a trade-off problem between ① and ②
  - → It is very difficult to generate good knowledge
  - The essence of creative activity is to generate good knowledge
    ↓
    Confronting this trade-off is a brave challenge (Yamashita [2005])

【ITからICTへ】

　1990年代に入ると、インターネットやLAN（ローカル・エリア・ネットワーク）に代表される情報ネットワークの普及により、情報社会はさらに進展し、コンピュータを活用した情報処理のみならず、電子メールによる遠隔地（例えば、海外）とのコミュニケーションや、WWW（ワールド・ワイド・ウェブ）による企業の広報活動・受注活動が社会に浸透していった。企業では、当初、大量の事務計算を効率的に行うためにコンピュータを活用したが、現在ではそれだけでなく、情報ネットワークによる情報通信が大きな役割を果たすようになったのである。

　こうした潮流は、情報技術（IT）から情報通信技術（ICT）へのシフトを意味する。すなわち、大量の情報を効率的に処理する技術（IT）から、それにより処理した情報を、時間と空間の壁を越えて送受信する技術（ICT）へのシフトである。また、ITからICTへのシフトにより、価値の高い情報や知識は、互いに協力関係にある人（パートナー）との間で共有されるようになり、組織における情報共有・知識共有によるコラボレーションの価値が高まっていった。

【IT → ICT】
- IT：Information Technology
    - Hardware technology ＋ Software technology
    - Downsizing computers
        - higher performance and lower cost
        - such as personal computers (PC)
    - Development of user-friendly application software

- ICT：Information & <u>Communication</u> Technology
    - Information technology ＋ Communication technology
        - the Internet as a "network of networks"
        - for example, LAN (Local Area Network), WWW (World Wide Web), etc.

▶3. 生産管理システム

【生産システムの同期化】

　まず、生産システムや生産管理の問題を論じる際に注意すべき点を指摘すると、英語でproductは「生産」ではなく「製品」を意味するということである。したがって、生産システムはproduct systemではなく、production systemとなる。

　その上で、生産システムの同期化という最も重要な課題に注目すると、多くの企業がこの課題に挑戦しては失敗を繰り返す困難な課題であることがわかる。すなわち、多くの企業にとって生産システムの同期化、とりわけ生産と販売の同期化は、永遠の課題なのである。そこで、こうした同期化を実現しようとするならば、そのための「良い知識」の投入が不可欠である。なぜなら、生産システムの同期化に必要な個々の情報（販売情報・生産情報・在庫情報・原価情報等）は、断片的で汚れている「局所的情報」であるため、これらの情報を簡潔に、かつ滑らかに関係づける大局的情報（良い知識）が必要となるからである。

【スケジューリング問題の複雑性】

　生産計画に代表されるスケジューリング問題は、非常に「厄介」な問題である。それは、

・多目的で
・考慮すべき変数（要因）が多く
・複雑な構造を有している

ため、最適化が非常に難しいからである。それでは、この問題に対して果敢に挑戦するためには、何が必要なのであろうか？　それは、企業活動の同期化（特に、生産と販売の同期化）のための簡潔なロジックであろう。すなわち、簡潔なロジックにより複雑な問題を簡素化し、企業活動の同期化をめざすのである。

▶3. Production Management System

【Production System Synchronization】
- It's not "product system"
- Synchronization of the production system
  - one of the eternal challenges
- Therefore, a production system needs good knowledge
  - in order to synchronize corporate activities
    - especially, synchronization between production and sales
- Knowledge carries off
  - scheduling problem complexity
  - from various sources of fragmentary & dirty information
  - such as, sales information, production information, inventory information and cost information

【Scheduling Problem Complexity】
- Scheduling is a very difficult problem
  - involving production planning, shipment planning and procurement planning
  - because of
    - multi-purpose
    - multi-factor
    - structurally complex
  - Therefore, it is very difficult to optimize this problem
- What is needed in order to boldly challenge this difficult problem?
  - Simple logic will be needed
    - to synchronize corporate activities
    - between production processes
    - especially, between production and sales

【ICTサポートによる生産計画の作成】

　生産計画は、一般に販売情報・生産情報・在庫情報・原価情報等、さまざまな情報（これは、前述の「局所的情報」に相当する）を基に作成されるが、こうした情報は、日々の企業活動を通じて刻一刻と蓄積され、膨大な量の情報となる。そこで、生産計画を作成する際には、なるべく簡潔なスケジューリング・ロジックを用いて、複雑なスケジューリング問題を簡素化することが求められる。こうしたスケジューリング問題は、上記のような局所的情報を、生産計画という大局的情報へと変換するプロセスとして、**図5-4**のように記述される。

　図5-4は、さまざまな部門で刻一刻と蓄積される局所的情報を大局的情報（生産計画）へと変換する際、膨大な情報を効率的（高速性・正確性・記憶性）に処理する情報技術と、さまざまな部門の情報を一瞬のうちに送受信する通信技術を融合させたICTが、上記のような情報処理を強力に支援することを示している。すなわち、同期化された生産計画という「良い知識」を生み出すプロセスにおいて、簡潔なスケジューリング・ロジックとともに、情報通信技術（ICT）による組織的支援が不可欠なのである。

【生産管理のための情報システム】

　図5-4のように、ICTを活用したスケジューリング（生産計画の作成）が企業に浸透していくことで、生産管理と情報管理の融合が進展することとなった。これにより、MRPシステム（資材所要量計画システム）やSCM（サプライチェーン・マネジメント）等、生産管理のための情報システム（以下、単に「生産管理システム」と呼ぶことにする）が構築されるようになった。

　さらに、こうした生産管理システムの構築が、それぞれの部門別に蓄積される局所的情報の共有とともに、生産計画という大局的情報（知識）の共有についても容易にすることで、企業における部門間・メンバー間のコラボレーションが進展していくのである。

【Production Planning Using ICT Support】

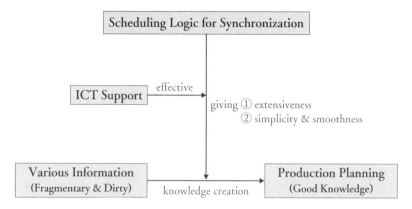

【Fig.5-4 Production Planning as Good Knowledge】

【Information System for Production Management】
- Information sharing & knowledge sharing using ICT effectively
  – accelerating the fusion of production management & information management
  – also accelerating collaboration between members in organization
    - by information sharing & knowledge sharing
- Production management using ICT
  – Information system for production management has been built
  – We shall simply refer to it as
    - the "production management systems"
    - such as MRP (Material Requirements Planning) system
    - or SCM (Supply Chain Management) system

【MRPシステム】

　世界の企業に最も浸透した生産管理システムは、MRP（Material Requirements Planning）システム、すなわち「資材所要量計画システム」であろう。MRPシステムは、完成品の生産計画に合わせ込むように、すべての部品の生産計画を作成（資材所要量展開）するという非常にシンプルなスケジューリング・ロジックを持つところに特徴がある。

　しかしながら、MRPシステムは、上記のシンプルなスケジューリングを可能にしようとするがゆえに、各部品の生産能力を考慮しないという大きな問題を抱えている。すなわち、各部品の生産能力があたかも無限大であるかのように、生産計画を作成しているのである。そのため、現実にはMRPシステムの生産計画と実際の生産との間に乖離が生じ、このことが多くの納期的なトラブルを発生させる要因となっている。

【JITシステム】

　「JITシステム」（ジャスト・イン・タイム生産方式）は、生産管理を核とした総合的な経営管理システムであり、日本のトヨタ自動車で生まれた。JITシステムは、工程間の同期化（ジャスト・イン・タイム）により在庫を削減するとともに、さまざまなトラブルや需要変動に対して迅速かつ柔軟に対応していくことをめざしている。

　JITシステムは、日本で生まれたため、日本の組織特性を強く反映したシステムとなっており、「トヨタ生産方式」と呼ばれたり、「かんばん」が重要な役割を果たすことから「かんばん方式」と呼ばれたりもする。ただし、「JIT」とはJust In Timeを意味するが、これは和製英語であり、英語の本来的な表現はJust On Timeである。しかしながら、JITという概念が欧米でも広く知られるようになっており、現在では欧米でも「JIT system」で通用する。

【MRP System】
- The most popular logic
  - to solve a scheduling problem simply
  - could be MRP (Material Requirements Planning) system
- MRP system has very simple scheduling logic
  - Production planning for all parts & materials
    - following up the assembly plan for the finished product
- However, MRP system has a big problem
  - The capacity of the each process is unlimited
  - Therefore, a lot of delivery time troubles occur
    - between the production planning using MRP system and the actual progress of production

【JIT System】
- JIT system or "Just-In-Time production system" is
  - a comprehensive business management system
  - not only for production management
- It was created by the Toyota Motor Corporation.
  - So, it is known as the "Toyota Production System"
  - or "KANBAN system"
    - because "KANBAN" plays a very important role
- The goal of JIT system
  - reduce inventory through synchronization (Just-In-Time)
    - between all production processes
  - correspond flexibly to various problems and fluctuations in demand

【BPR→SCM】

　ICTを活用した情報共有・知識共有により業務プロセスの全体最適化を図るBPR（ビジネス・プロセス・リエンジニアリング）は、1990年代に脚光を浴びたが、その後は多くの企業の関心がSCMへと移っていった。その要因は、BPRが個別企業の全体最適化をめざすのに対して、SCM（サプライチェーン・マネジメント）は供給連鎖（サプライチェーン）全体の最適化をめざしているからであろう。すなわち、BPRのめざす個別企業の全体最適化は、SCMにとって局所的最適化（部分最適化）にすぎないのである。

　このように、SCMもBPRと同様に、ICTを活用した情報共有・知識共有により業務プロセスの全体最適化を図るのであるが、全体最適化の範囲が個別企業ではなく、供給連鎖全体であるところに両者の決定的な違いが存在する。SCMにおける全体最適化は、供給連鎖全体での業務プロセスの同期化と、産出額（アウトプット）から変動費の投入額（インプット）を差し引いたスループット（直接利益）の最大化を意味するのである。

【TOCのシンプルなロジック】

　SCMにおいて、供給連鎖全体での同期化を実現するための核となる理論がTOC（Theory Of Constraints；制約理論）である。TOCは、供給連鎖全体での同期化という困難な課題に対して、非常にシンプルな同期化ロジックを提供してくれる。すなわち、供給連鎖において最小の生産能力しか持たない「ボトルネック工程」に、すべての生産工程を合わせ込むという同期化ロジックである。

　例えば、供給連鎖を構成する5つの工程における1日の生産能力が、工程A：300個、工程B〜D：400個、工程E：500個であるとすれば、工程Aのみならず、工程B〜Eの生産計画についても、すべて300個に合わせ込むのである。これにより、非常に複雑なスケジューリング問題が大幅に簡素化され、工程Eよりも生産能力の小さい工程A〜Dに対してムリを強いらずに、供給連鎖全体での同期化が達成される。

【BPR → SCM】

- The Business Trend from BPR to SCM
  - Partial or local optimization
    → total or global optimization
- BPR (Business Process Reengineering)
  - was the focus of attention in the 1990s
  - Orientation to total optimization of business processes
    - by information sharing & knowledge sharing
    - using ICT effectively
  - However, it's only local optimization for the whole supply chain (total optimization for each company)
- SCM (Supply Chain Management)
  - Orientation to total optimization of the whole supply chain
    - maximizing throughput (not output)
    - synchronizing business processes by using ICT effectively

【Simple Logic of TOC】

- TOC (Theory Of Constraints)
  - the core theory of SCM
  - in order to achieve synchronization of the whole supply chain
- TOC gives us simple logic for difficult problems
  - such as scheduling problems with the above synchronization
- All the production processes
  - following up any "bottle-neck" process
  - minimal capacity in the supply chain
- Fig.5-5 shows that TOC deals with the complexity
  - the scheduling problem for synchronization of the whole supply chain

【良い知識としての簡潔な同期化ロジック】

　本章における「情報管理」と「生産管理システム」の議論を集約すると、前述の**図5-4**を、**図5-5**へと拡張することができる。すなわち、生産計画の作成というスケジューリング問題を、さまざまな入力情報u（販売情報・生産情報・在庫情報・原価情報等）から出力情報v（生産計画）への変換$v=f(u)$として位置づけ直すのである。

　図5-5は、MRPシステムにおける資材所要量展開やSCMにおけるTOC（制約理論）といったシンプルな同期化ロジックが、非常に複雑なスケジューリング問題を簡素化する役割を果たすとともに、相対的に価値の低い入力情報uから、同期化された生産計画という価値の高い出力情報vを生み出す役割を果たすことを示している。その際に、同期化されないような計画を、上記の同期化ロジックが廃案（汚れや雑音）にすることにより、出力情報vは、同期化された生産計画へと絞り込まれることになる。こうして作成（変換）された生産計画は、さまざまな入力情報（局所的情報）を簡潔に、かつ滑らかに（ここでは、同期化されるように）結びつけるため、本章の**図5-3**における価値の高い大局的情報（知識）に相当する。そういった意味で、MRPシステムやTOCの同期化ロジックに従って作成された生産計画は、まさしく「良い知識」として位置づけられるのである。

【Simple Logics for Synchronization as Good Knowledge】

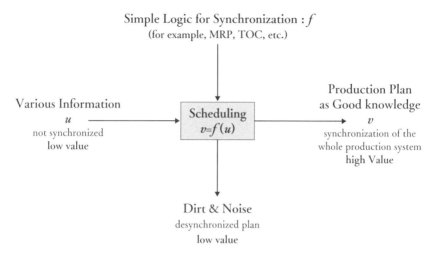

【Fig.5-5 Simple Logics for Synchronization】

参考文献　References

Traub, J.F. and H. Wazniakowski［1998］*Complexity and Information*, Cambridge University Press, London.

山下洋史［1999］『情報管理と経営工学』東京経済情報出版。

山下洋史［2005］『情報・知識共有を基礎としたマネジメント・モデル』東京経済情報出版。

Chapter 6

企業経営と会計
Business and Accounting

姚 俊
Jun YAO

本章のキーワード [Keywords in the Chapter]

ビジネス言語、会計要素、財務会計、管理会計、税務会計、フォレンジック会計　会計制度、一般に（公正妥当と）認められた会計原則、国際財務報告基準、内部統制、監査、倫理	the language of business, accounting elements, financial accounting, management accounting, tax accounting, forensic accounting, accounting regulation, GAAP, IFRS, internal control, audit, ethics

【概要】
- 会計は共通のビジネス言語である。
- 会計は目的によって4種類に分けられる。
- 外部利用者に提供する会計情報は会計基準に従って作られなければならない。
- 外部監査、内部統制および会計人と経営者の高い倫理観は会計情報の信頼性を確保する。

[Summary of the Chapter]
- Accounting is the universal language of business.
- There are 4 types of accounting according to its purposes.
- Accounting information provided to external users must be prepared in accordance with standards.
- External auditing, internal control and high level of ethics in accounting profession and management all help to ensure the reliability of the disclosed financial information.

▶1. 会計は企業経営の実態を語る

　ビジネスの世界では、共通の言語がある。この言語を使うことによって、異なったビジネス分野、異なった国の人が、企業の経営実態についてコミュニケーションを行うことができる。たとえば、日本のアパレル業界の代表的な企業ユニクロはZARAとH&Mと比べて、国際的競争力があるか。ニトリはユニクロより儲かっているか。ソフトバンクの財務的健全性からみると危ないのに、なぜ株式市場で評価されるか。なぜe-コマースの雄である楽天は金融会社に似ているか。これらの問題を議論する際に、使える共通の言語が企業会計である。経営者は様々な企業活動とその結果について、会計という言語で語り、企業に資金を提供している投資者、債権者、企業で献身的に働いている従業員、企業に公共のインフラを利用させる政府部門など多くの利害関係者に、自らがどれぐらい責任を果たしたかを報告し、時には彼らからフィードバックをもらうこともある。このように、会計はコミュニケーションのツールとして情報の伝達者と情報の利用者とを繋げることができる。

【なぜ会計を学ぶべきか】

　世界最強の投資者であるウォーレン・バフェットは会計について、次のように述べている。「投資を行う人は会計を理解するだけでなく、会計の行間に潜む機微を理解する必要があります。会計はビジネスの共通言語です。言語として完全とは言いがたいものの、会計を学ぶ努力をしない限り、そして財務諸表を読んで理解する努力をしない限り、自分で株の銘柄を選択することなど夢のまた夢です」(Buffett and Clark [2008])。会計情報の最も重要な利用者である投資者にとって、投資対象企業を分析するために不可欠な能力は、財務諸表を読む力である。

▶ 1. What Is Accounting?

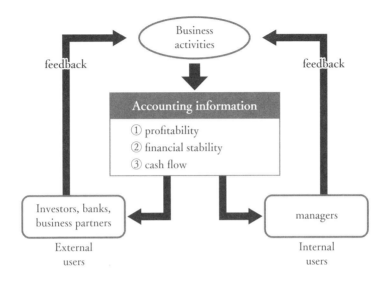

【Fig.6-1 Accounting Is the Universal Language of Business】

【Why We Should Learn Accounting?】
 "You have to understand accounting and you have to understand the nuances of the accounting. It is the language of business and it is an imperfect language, but unless you are willing to put in the effort to learn accounting- how to read and interpret financial statements-- you really shouldn't select stocks yourself."
- Warren Buffette-

【企業活動と会計】

　どのような大きな企業においても、企業活動は端的に３種類に分類できる。つまり、製品やサービスを提供する営業活動、企業を運営するために必要な資金を調達する融資活動、調達してきた資金を必要な機械・設備に投資する投資活動である。

【会計要素】

　これらの活動（フロー）とその結果（ストック）を５つの会計要素を用いて財務諸表という財務報告書にまとめ、複雑そうに見える企業経営の実態を映し出すことができる。

　資産とは過去の取引や事象によって企業が所有・支配している経済的資源であり、その使用によって、将来、経済的資源が企業に流入することを期待できる。資産には、機械、設備などの有形的なものもあれば、ブランド、特許権などの無形的なものも含まれる。生産販売活動のために利用するものもあれば、利息、値上げなどによって利益を獲得する投資用のものも含まれる。

　負債とは、過去の取引や事象によって生じる債務であり、負債を返済するために、現金などの資産を使用するか、サービスを提供するか、あるいはその他経済的便益を企業から流出することが必要になる。簡単に言えば、負債は企業の借金である。

　資本とは、企業の資産のうち、負債を返済してからの残りの部分である。したがって、「純資産」とも呼ばれる。これは株主が企業に出資した資金と儲かった利益を企業に留保した分の蓄積である。

　収益とは特定の会計期間において、企業の資産が増加するか、あるいは負債が減少する形での経済的便益の増加である。収益は株主からの出資を含まない。たとえばレストランの売上は収益である。株主の追加投資は収益ではない。

　費用とは特定の会計期間において、企業の資産が減少するか、あるいは負債が増加する形での経済的便益の減少である。企業の所有者との取引は含まれない。

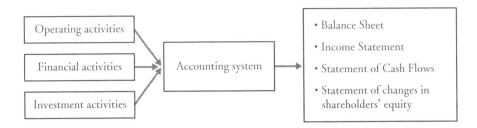

【Fig.6-2 Business Activities and Accounting】

【Accounting Elements】
- Assets
  refer to resources owned and controlled by the entity as a result of past transactions and events and from which future economic benefits are expected to flow to the entity.
- Liabilities
  are the obligations of an entity arising from past transactions or events, the settlement of which may result in the transfer or use of assets, the provision of services or other yielding of economic benefits in the future.
- Equity,
  also known as "net assets", or capital, refers to what is left to the owners after all liabilities are settled.
- Income
  refers to an increase in economic benefit during the accounting period in the form of an inflow or increase in assets or a decrease in liabilities that result in an increase in equity, other than contribution from the owners.
- Expenses
  are decreases in economic benefit during the accounting period in the form of an outflow or decrease in assets or an increase in liabilities that result in a decrease in equity, other than distributions to the owners.

【会計情報の質】

　企業の経営者も、これらの情報を利用することによって、自社の経営状況を判断し、経営課題を明らかにして、それに対応する戦略を策定する。ベンチャー企業の創立者は技術者出身の人が多く、技術が優れて、製品が顧客に評価され、企業が急速に成長していく中、最も苦労しているのは会計と人事とよく耳にする。会計がわからないと、経営ができない。経営を飛行機の操縦に例えるならば、会計は操縦席に設置している計器盤に相当する。計器盤は経営者たる操縦士に、刻々と変わる飛行機の高度、速度、姿勢、方向を正確かつ即時に示す。特に天候が悪い時には、人間の直観によって飛行状態を間違って判断する可能性が高い。飛行機が下方に向けて飛行しているのに、上昇しているように感じたり、実は後方に向けて飛行しているが、前向きに飛んでいるようにと思ったりすることがある。昔、墜落事故を頻繁に起こし、「飛行棺」と呼ばれる戦闘機があった。この戦闘機を何十年も操縦して、飛行時間の世界記録を更新した操縦士がいる。その秘訣を聞かれると、きわめて単純である。人間の直観ではなく、操縦席の計器盤を信用して、その数字に従って飛行機を操縦するだけである。

　企業経営も同様に会計という計器盤を用いて行わなければならない。DDI（KDDとの合併によりKDDI株式会社を設立）と京セラを設立した稲盛和夫氏によれば、は京セラが急速に事業展開できたのは、経営の状態を一目瞭然に示す会計システムを早くから整備し、それによって経営を進めることができたからである。彼が若手の経営者に教えたように、「経営者自身がまず会計というものをよく理解しなければならない。計器盤に表示される数字の意味するところを手に取るように理解できるようにならなければ、本当の経営者とは言えない」（稲盛 [2000]）。また、飛行機の計器盤は操縦士の意思決定に役立つ（目的適合性）情報、誤差が少ない（信頼性）情報を即時に提供する必要がある。同様に、企業が内外の利害関係者に提供している情報についても、目的適合性と信頼性が求められている。

【The Quality of Accounting Information】

- Relevance

    Relevance in accounting information is necessary for predictive and feedback value. If investors cannot use information to form a judgement and make an investment decision, then the information fails the relevance test.

- Reliability

    If accounting information is not reliable, it cannot be used to make business decisions.

    In order to be reliable, accounting information must be verifiable and neutral.

▶2. 会計の４つの領域

　企業会計は利用目的によって大きく「財務会計」と「管理会計」に分けられる。

【財務会計】

財務会計は主に投資者、債権者、取引先などの外部利害関係者の意思決定のために有用な情報を提供することを目的とするものである。たとえば、投資者はこの会社が将来的に収益力があるか、その株式を買うべきか、あるいは保有している株式を売るべきか、それともこのまま保有すべきかを判断する際に、財務会計の情報を利用する。また、銀行はこの会社は返済能力があるか、資金を貸し付けても良いか、どのような条件で貸し付けるかを判断する時に、企業の財務情報に依存する。あるいは、サプライヤーはこの会社に原材料を販売してちゃんと現金を回収できるか、買収会社はもしこの会社を買収すれば、どのような価格が合理的であるかを判断する時に、会計情報が不可欠である。類似取引は同様なプロセスや方法によって記録、集計され、同一なフォーマットで情報を開示することができなければ、会社と会社との比較性が乏しくなり、また情報の量と質も千差万別となる。したがって、外部の情報利用者に最低限の量と比較可能な情報の質を確保するために、財務会計は会計制度によって規制されている。

▶2. 4 Types of Accounting

- Financial accounting
- Management accounting
- Tax accounting
- Forensic accounting

【Financial Accounting】
- Financial accounting is the process that culminates in the preparation of financial reports on the enterprise for use by both internal and external parties (but primarily external users).
- Users of these financial reports include investors, creditors, suppliers, customers, managers, unions, and government agencies.
- Financial reporting includes not only formal financial statements, but also president's letters or prospectuses in the corporate annual report, news releases, management's forecasts, and CSR reports.
- Investors need relevant information and a faithful representation of that information to enable them to make comparisons. A set of accounting standards is a necessity to ensure relevance, reliability and adequate comparability.

【Financial Accounting Information Helps to Answer Questions Like:】
- Should I buy into this business?
- Should I sell the shares of this company or continue to hold them?
- Should I lend money to this company? Under what conditions if I do?
- Can this company pay in time if materials or components are sold to them?
- Does this company have enough cash?

【管理会計】

　それに対して、管理会計は制度による制限が少なく、企業の経営者が企業を管理するために即時に情報提供することを目的とするものである。経営者が会計の視点から対応すべき課題は次の3つである。①企業は儲かる仕組みを作っているかどうか。②借金と自己資本の割合が最適化されているかどうか、企業の財務体質が健全性を持っているかどうか。③キャッシュの収支を適切に管理しているか、黒字倒産の可能性がないか。これらの課題に対応するために、管理会計は以下の内容を含む。まず、経営の実態を把握するために必要なデータを収集、処理する会計システムをデザインする。次に、製品やサービスの価格を決定するための原価計算、将来の事業活動に必要な資金を決定し、業績目標を設定するための予算管理、各部門の事業活動の成果を評価し、責任者の報酬を決める業績評価システムを構築する。財務会計と比べ、管理会計情報は決まった形で作成する必要がない。経営管理の目的に、柔軟に様々な定量的・定性的手法によって、企業の業績を測定している。

　財務会計と管理会計はそれぞれ目的が異なるが、切り離して考えることができない。管理会計システムが整備されないと、財務会計の情報を提供できない。また、取引の複雑化に伴い、財務諸表は読みにくくなっている。外部の情報利用者に財務数字を理解させるために、企業報告における管理会計の情報開示が増加している。特に近年、経済的構造の変化に伴い、企業価値の多くの割合は財務情報によって説明できない部分が増えている。たとえば、米経済誌フォーブスの「世界の最も価値のあるブランドランキング」によると、2016年ナイキは18位で財務諸表に載せている総資産の価値は214億ドル（NIKE 2016 Annual Report）であるが、財務諸表に載せていないナイキのブランド価値は300億ドルに達していた。企業のブランドなどの無形資産は企業価値創出の重要な源泉となっているが、財務会計に計上されていない。管理会計上は、無形資産を非財務的指標によって測定し、把握することが重要な課題である。さらに、経営者も財務情報に基づいて、経営を改善する。

【Management Accounting】
- Management accounting is the process of identifying, measuring, analyzing, and communicating information needed by the management to plan, control, and evaluate a company's operations.
- Planning is the process of deciding what actions should be taken in the future. An important form of planning is budgeting.
- The process the company uses to ensure that employees perform properly is called control. Accounting information is used in the control process as a means of communication, motivation, attention getting, and appraisal.

【Management Accounting Helps to Answer Questions Like:】
- What kind of accounting system should be designed?
- Are the selling prices of the products high enough?
- How to plan a budget
- How to measure the performance of the company
- Can the business afford to pay more to its employees?
- Are our customers paying their bills on time?
- Is the level compensation to the management appropriate?

【税務会計】

　実は、それ以外に、会計のもう1つの重要な領域は税務会計である。すべての企業は利益を計上する限り、納税義務がある。税務会計は課税所得と税務計画の2つの分野からなる。課税所得の計算について、米国のように、税務と会計を切り離している国もあれば、日本のように伝統的には「確定決算主義」と呼ばれる方法によって、課税所得を計算する国もある。つまり、日本では、企業は各事業年度終了日の翌日から2か月以内に税務署長に対して「確定した決算」に基づいて、課税所得と法人税を記載した申告書を提出しなければならない。一方、税務計画は企業が法律の範囲内で、できるだけ税金を節減するための方策である。

【フォレンジック会計】

　さらに、会計の中で、あまり知られていない特別な領域がある。これはフォレンジック会計である。直訳すれば、犯罪（捜査）会計である。この領域の専門家は法律と会計の知識を持ち、会計士と調査官の2つの役を担う。企業は不正会計の疑いがある時、他社と知的財産権など訴訟を起こした時に、犯罪捜査担当の会計士は企業の調査を行う。世界4大監査法人の1つPwCの調査によると、日本で報告されている資産の不正流用、不正会計、知的財産侵害など経済的犯罪はグローバル平均より少ないが、4社のうち1社は被害を被っている（PwC［2007］）。他の経済的犯罪と比べ、企業の不正会計の発生頻度はそれほど高くないが、発生すると経済的損失が巨額となる。

【Tax Accounting】
- Tax accounting includes both accounting for corporation income tax and tax planning.
- In some countries like Germany published financial statements form the basis for taxation, whereas in other countries, financial statements are adjusted for tax purposes and submitted to the government separately from the reports sent to stockholders.
- In the United States for all companies, tax accounting rules can differ from financial accounting rules.
- Tax planning is the art of arranging your financial affairs to keep your tax to a minimum.

【Forensic Accounting】
- Forensic accounting utilizes accounting, auditing and investigative skills to conduct an examination into a company's financial statements.
- Forensic accounting provides an accounting analysis which is suitable for use in court. It is frequently used in fraud cases.
- Forensic accountants combine their accounting knowledge with investigative skills in a variety of litigation support and investigative accounting settings.

▶3. 会計制度

【会計と法律】

　前述のように、財務会計のあり方は制度によって規定される。会計に関わる主な法規制として、会社法、金融商品取引法、と税法がある。それぞれの法律の立法趣旨は異なり、それぞれの法理念に基礎づけられた会計のあり方は必然的に異なったものとなる。会社法は、株主及び債権者保護を目的として配当可能利益の算定の仕方を規定している。すべての会社を対象に営業上の財産及び損益の状況を明かにすることを求め、毎決算期において財務報告書（「計算書類」と呼ばれる）の作成を要請している。それに対して、金融商品取引法は投資家保護を目的として投資判断に必要な経営成績や財政状態の開示の仕方を規定しており、株式を公開している株式会社や一定額以上の有価証券を発行・募集する株式会社などの大会社を対象とする。金融商品取引法適用の企業は、「有価証券報告書」または「有価証券届出書」を作成して内閣総理大臣に提出することが義務付けられている。また、税法は課税の公平を基本理念とする税法の規定に基づき、法人の課税所得の算定の仕方を規定しており、その計算手続きは、計算書類（会社法）によって確定した決算をもとに税法特有の調整を行って算定する。公正な会計慣行はこれらの法律の利用によって形成されている。

▶3. Accounting Regulation

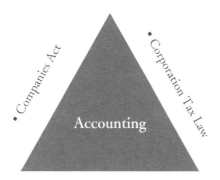

【Fig.6-3 Accounting Regulation】

【GAAPとIFRS】

　企業の財務会計の作成と報告が従う具体的なルールはGAAP（ギャップ）と呼ばれる。GAAPは"Generally Accepted Accounting Principles"（一般に（公正妥当と）認められた会計原則）の略称である。企業会計原則、個別基準と実務指針などが含まれている。GAAPは、必ずしも法令によって遵守を強制されているわけではないが、すべての企業がその会計を処理するに当たって従わなければならない基準であり、会計処理の根拠のみならず、監査人による会計監査の拠り所も提供する。

　従来、会計制度は国ごとに異なり、各国には自国のGAAPがあった。たとえば、米国ではUS-GAAPがあり、日本ではJAPAN-GAAPがある。一方、経済のグローバル化によって、企業活動のグローバル化とともに、年金基金などの機関投資家による投資活動の範囲が拡大しており、EUや米国は強力な証券市場を整備するためには証券市場の統一化を促進することにした。その際各国でそれぞれの会計基準を採用していると、会計情報の国際間比較が困難となる。そのような状況の下で、会計基準の国際的統一が模索されてきた。その結果として、国際財務報告基準（IFRS）が誕生した。2005年より、EU域内市場での統一基準として採用されたIFRSは、すでに世界120カ国以上で採用されている。日本では、2010年3月期からIFRSの「任意適用」が認められており、また、2013年には、政府、与党、経済界で、「任意適用」を拡大させる方針が相次いで打ち出された。

【What Is GAAP?】
- Generally Accepted Accounting Principles
- Rules accountants follow when preparing financial reports
- GAAP includes rules passed by standard setters
    - US-GAAP
    - J-GAAP
- GAAP also includes customs and accepted norms
- GAAP changes over time

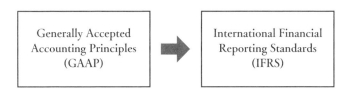

【Fig.6-4 Convergence of Accounting Standards】

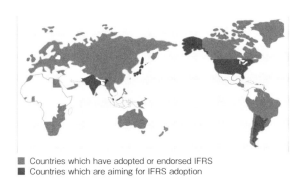

【Fig.6-5 IFRS Adoption by Country】

Source: IFRS consortium's website

▶4. 財務諸表の信頼性の確保

　企業の会計情報は目的適合性と信頼性が求められているが、特に、外部の情報利用者にとって、情報の信頼性は極めて重要である。企業が虚偽の情報を出すと、投資者の意思決定を誤導させ、企業の信用力を失い、株価の長期低迷を導く恐れがある。しかし、企業内外の利害関係者は、会計が即時に企業の実態を映し出す正しい情報を提供することを期待するが、経営者や情報を作成する経理部門の担当者は悪い業績を隠すためか、高い報酬をもらうためか、何らかの理由で財務諸表の数値を粉飾する可能性がある。不正会計の発生は企業、企業の利害関係者、さらに株式市場に損害をもたらす。

　たとえば、2015年、日本を代表する大企業の一つである東芝で経営トップが関与する不正会計が発覚して以来、現在まで続けている悪影響が報道されている。この事件では、歴代3人の社長が不正会計の責任を厳しく問われたが、多くの投資者は東芝の株価の下落により、多大な損失がもたらされた。下記の記事で示したように、損害を受けた投資者が、不正会計を行った企業に損害賠償を請求することは当然である。さらに、海外の投資者によって、日本企業に対する不信感が高まり、日本の株式市場に対する投資に大きなネガティブな影響を与えた。

▶4. How to Ensure the Reliability of Financial Reporting

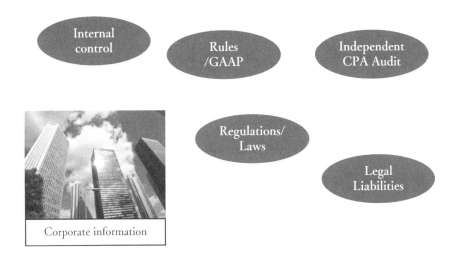

【Fig.6-6 What Makes Financial Statements Reliable?】

> To Regain Trust, Toshiba Needs More Than Stronger Governance
> Forbes, FEB 25, 2016 @ 10:38 PM
> "Scandal-muddied Toshiba Corporation recently announced it was terminating its long-time relationship with Ernst & Young ShinNihon, its rubber-stamping auditor, and will hire PricewatherhouseCoopers Arata to replace it.
> ...
> But these efforts alone are not going to bring about the necessary fundamental changes in management mind-set and corporate culture that enabled Toshiba and ShinNihon to conceal losses of $1.8 billion over a six-year period in the first place..."

【監査】

　情報の信頼性は会計制度とそれに関連している監査制度、内部統制制度によって確保される。経営者は自分の都合で利益を操作し、間違った会計数字を開示したら、企業の実態も見えなくなる。したがって、取引の会計処理や情報開示を規定する基準、法令・法律などの会計制度が必要である。

【内部統制】

経理部門は自社の会計情報を会計制度に従って作成しているか、不正があるかどうかをチェックする内部の仕組みもある。これは内部統制と呼ばれる企業のガバナンスの一部である。さらに、国の経済に影響力が大きな大企業の場合、外部の独立第三者による監査も必要である。下表で示したように、会計制度や監査制度及び内部統制は、会計不祥事やそれに関連している金融危機に対応しながら、発展してきた。

【Audit】
- An audit is conducted to provide an opinion whether "financial statements" are stated in accordance with specific criteria (accounting standards).
- Audits are an important component of corporate governance and the quality of the audit is important to the affected stakeholders, including the audit profession, financial statement users and regulators.

【Internal Control】
Internal control is a process to provide reasonable assurance regarding the achievement of the management's objectives in the following categories:
1. reliability of financial reporting,
2. effectiveness and efficiency of operations, and
3. compliance with applicable laws and regulations.

【Tab.6-1 Critical incidents in history and development of accounting and audit institution】

1720	The South Sea Company bubble: An audit by Charles Snell discovered fraud by the company's directors. This event is thought to be the first example where an accountant was hired for purposes of investor protection (TAR July 1954).
1817	Accountants begin assisting British courts in bankruptcy cases (TAR July 1954).
1844	Joint Stock Companies Act of 1844, the first Companies Act, is written into British law. The original British Companies Act, as well as subsequent revisions, followed after periods of economic crises related to widespread business failures and bankruptcies. Littleton (1933) suggests that this is the source of the objectivity principle in accounting.
1909	After the 1907 crash, John Moody publishes his *Moody's Analyses of Railroad Investments*, the first US investor publication to include quantitative ratings of the desirability of bonds and stocks as investment.
1932	NYSE requires audits by listed companies 3 years after the New York stock Exchange crashes in October 1929 (*TAR* July 1954).
1933	US Securities Act passed to regulate public offerings of securities. A year later Congress passes the Securities & Exchange Act, which establishes the SEC as an agency to regulate secondary sales of securities and stock exchanges (*TAR* July 1954).
1996	Japan has introduced extensive reforms in the accounting system and the Commercial Code, what is known as the "accounting big bang".
2000	IT bubble crash
2001	Enron files for bankruptcy on December 2.
2002	WorldCom announces in June that its profits for the prior 15 months were overstated by $3.85 billion.
2002	Sarbanes-Oxley Act signed into law by President George Bush on July 30.

【SOX法】

　2001年米国のエンロン事件、ワールドコム粉飾会計などはこれらの世界的に著名な企業の破綻と直接に関連している。被害者は投資者のみならず、従業員など多くの利害関係者も含まれている。会計情報に対する不信感が拡大し、これを契機に、アメリカはSOX法という連邦法の中で、会計とディスクロージャー制度、会計情報の信頼性をチェックする監査法人のあり方、企業のガバナンスのあり方なども見直した。SOX法は企業会計・財務諸表の信頼性を向上させるために、2002年7月にブッシュ大統領の署名により成立したものである。監査の独立性強化、コーポレート・ガバナンス（企業統治）の改革、情報開示の強化、説明責任などを規定している。その後、世界各国において、会計不正を防ぐために、制度改革など相次いだ。2006年日本では、「金融商品取引法」を制定し、その中で、内部統制の整備状況や有効性を評価した内部統制報告書を経営者が作成し、公認会計士がそれを監査する二重責任の原則が法制化された。これは「日本版SOX法」と呼ばれる。

【会計倫理】

　しかし、制度の整備によって不祥事の発生を完全に防止することができない。2011年の大王製紙、オリンパスと2015年の東芝の不正によって、倫理問題が注目されるようになった。経営者は会計利益を操作できるものとし、社会のためより、自らの目的に合わせて会計数字を改ざんしたことは、倫理観の欠如を表している。高い倫理観と使命感を持って仕事をしなければならないのは財務会計のプロのみならず、企業の最高責任者である経営者にも要求されている。ビジネス専攻の学生は将来の企業経営を担う人として、正しい倫理感を形成することがまず重要なことである。東芝の会計不正を発覚した後、日本の監査や内部統制の制度はまた見直されている。経営者、経理や監査のプロの会計倫理を高めることも一層求められるようになっている。

【Sarbanes-Oxley Act】
- In July 2002, the U.S. president signed into law the Sarbanes-Oxley Act into law.
- It requires chief executives and chief financial officers of public companies to certify that their company's financial statement filed with the SEC are materially accurate and complete, and that in all material respects they fairly present the financial condition and results of operations of the issuer.

【Accounting Ethics】
- Ethics can be defined broadly as a set of moral principles or values. Ethical behavior is necessary for a society to function in an orderly manner.
- The society expects members of the accounting profession to conduct themselves at a higher ethical level than most other members.
- Professional responsibility extends beyond the requirements of law and regulations.
- Management has both a legal and a professional responsibility to be sure that the information is fairly prepared in accordance with reporting requirements such as accounting standards.

参考文献　References

Anthony, R.N., D.F. Hawkins and K.A. Merchant ［2010］ *Accounting: Texts and Cases,* McGraw Hill Higher Education.

Buffett, M. and D. Clark ［2008］ *Warren Buffett and The Interpretation of Financial Statements,* Scribner.

Forbs ［2016］ The World's Most Valuable Brands List, https://www.forbes.com/powerful-brands/list/（最終アクセス：2017年2月13日）。

IFRS consortiumのウェブサイト https://www.ifrs.ne.jp/about/index.php（最終アクセス：2016年10月14日）。

Pwc ［2007］「経済犯罪意識調査2007」https://www.pwc.com/jp/ja/advisory/research-insights-report/assets/pdf/grc_0710_02jp.pdf。

稲盛和夫 ［2000］『稲盛和夫の実学──経営と会計』日本経済新聞社。

姚俊 ［2013］『グローバル時代におけるリスク会計の探求』千倉書房。

Chapter 7

経済史入門
―産業発展における大学の役割

Introduction to Economic History:
Role of the Universities in Industrial Development

横井 勝彦
Katsuhiko YOKOI

本章のキーワード [Keywords in the Chapter]	
産業発展、商業・金融部門主導型経済、ビジネス教育、商学部、科学技術教育、工科大学、高度な人的資源、国際援助	industrial development, commercial/finance-oriented economy, business education, school of commerce, scientific and technological education, institute of technology, high-level human resources, international aid

【概要】
　経済史は、経済活動の歴史の主要な側面を、製造業、農業、銀行業さらには外国貿易のような諸分野にわたって扱う。そのような分野の歴史研究を通して、経済史は学生の皆さんに、経済がどのように機能し、どのように成長し、どのように変化し、どのような問題を抱え、そして経済と社会の歴史がどのように結びついているのかについて考えてもらうことを目的としている。

【Summary of the Chapter】
　Economic History deals with the major aspects of economic activity in the past, such as manufacturing, agriculture, banking and foreign trade. Through studying these subjects, economic history aims to make students think about why the economy worked as it did, why it grew, why it changed, why there have been problems, and how economic and social history are related.

▶ 1. What Subjects Does Economic History Study as a Discipline?

【Euro-American Economic History】

Euro-American Economic History provides an essential introduction to the effects of industrialization on the modern world, from the British Industrial Revolution in the 18th century to the end of the American System of Manufacturing in the second half of the 20th century.

The remarkable social consequences of the Industrial Revolution have been emphasized as Britain changed from an agricultural society to an urban society based on industry. Recent studies demonstrate the more significant role of Britain as the exporter of capital and technology, which contributed to the industrialization of developing countries and globalization including the US, the Commonwealth countries and Japan.

With these points in mind, the following three themes will be dealt with in sequence：

(1) Real character of the Industrial Revolution as the precondition of industrialization in Western Europe
(2) Influences of culture and education on economic development in Euro-American societies
(3) Character and limitation of the mass production system born in America

Questions

(1) Explain the global labor movements in the 19th century from the viewpoint of the 'modern world system'.
(2) Describe the 'Separation between City and Industry' as the main characteristic of the British capitalism.
(3) What opinion do you have on the crisis of 'Fordism' in 1970s?

▶1. 経済史とはどんな学問か

【欧米経済史】
1. 産業革命再考
   (1) 経済発展段階説の諸理論
   (2) 近代世界システム論
   (3) イギリス例外構造論

2. 経済と文化・教育
   (4) ジェントルマン資本主義論
   (5) 反産業主義文化
   (6) イギリスと日本
   (7) 経済発展における大学の役割

3. 大量生産の終焉
   (8) アメリカ式生産システム
   (9) 「第2の産業分水嶺」と「柔軟な専門化」
   (10) 生産の国際化と市場の多様化

図7-1　ロンドン・シティを望む
出所：著者撮影

図7-2　黄金時代のアメリカ車
出所：著者撮影

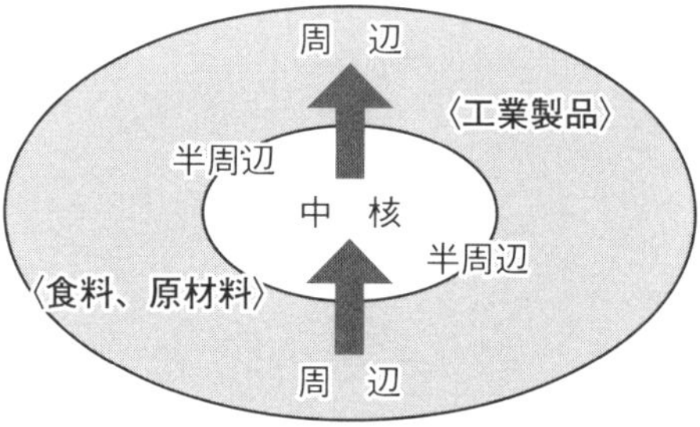

図7-3　グローバルな資本主義的分業体制（三層構造）
出所：著者作成

Chapter 7 Introduction to Economic History | 151

【Asian Economic History】

We discuss the latest three aspects of the modern world economy from the viewpoint of Economic History.

(1) Economic advancement and development in Africa by India and China.
(2) Meanings of the rapid growth of the China economy, and the problems associated with it.
(3) Decolonization of India and economic development since its independence.

The title of this subject may require a few words of explanation. It is not an economic history of each country, but rather an examination of socio-economic results of globalization and industrialization, mainly in China and India from about 1800 to 1990. These results, combined with the unparalleled growth of the population from the 19th to the 20th century, may be said to have transformed the nation or colony that was fundamentally rural to one based mostly on industry.

Therefore, this subject is concerned with the consequences of enormous changes in the mode of the lives of people of all classes, but principally of the new middle class, and with the emergence of major social problems, some of which, such as poverty, the social divide, environmental issues and immigration affairs, remain unsolved to the present day.

Questions

(1) What influence did the British free trade policy exert on China and India in the 19th century?
(2) Discuss the technology transfer between Japan and China before the Second World War.
(3) Explain the common features between the IT industry and the automobile industry in India.

【アジア経済史】
1．アフリカ：「侵略者」の交替
（1）18世紀の奴隷貿易（大西洋三角貿易）
（2）帝国主義諸列強によるアフリカ分割
（3）インド・中国のアフリカ資源開発

図7-4　上海の高層ビル群
出所：著者撮影

2．中　国：「世界の工場」の交替
（1）アヘン戦争以降の中国半植民地化
（2）日本の工業化と中国の脱工業化
（3）改革開放路線の下での急速な工業化

3．インド：「エリート」の交替
（1）イギリス自由貿易体制とインド植民地鉄道
（2）独立インドの自立的工業化と財閥
（3）インドIT産業の発展と大学の役割
（4）インド自動車産業の発展の新中間層の形成

図7-5　インド・デリーの市街
出所：著者撮影

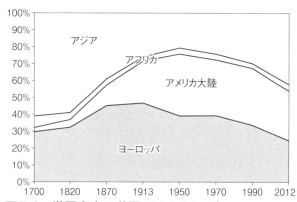

図7-6　世界産出の分配1700-2012年
出所：ピケティ［2014］65頁

▶ 2. How Did Universities Respond to Industrialization and Globalization?

【Business Education in British Universities】

During the early period of industrialization there were relatively few self-made men, with the greater proportion of businessmen being sons of businessmen. Only in the 20th century, in the aftermath of the 'managerial revolution' and the growth of professionalized and bureaucratized business structures, did recruitment become slightly more open.

The educational system was in crisis and increasingly distanced from industrial needs in the 19th century, not only in the United States but also in European countries. However, many universities opened courses to carry out scientific business education from an international perspective at the turn of the last century, which would respond to the needs of modern industrial societies.

Statistical studies of Britain's productivity highlight weaknesses in both management and technical education. The important conclusion is that British failures in economic performance have been linked to defects in managerial and technical skills, and to organizational arrangements within the manufacturing industry.

The London Chamber of Commerce (LCC) supported the establishment of the London School of Economics (LSE) in 1895 which was the first effort for commercial education in the UK. In 1902, the School of Commerce, Birmingham University was opened as 'Commerce in the Midlands'. In other words, it was intended to rehabilitate the Birmingham Iron and Steel Industry. However, total undergraduate enrollment in 1902 was only 8, which reflected the fact that the British business community did not accept business education in universities.

▶2. 産業化・国際化へ大学はどう対応したか

【イギリスの大学におけるビジネス教育】

［背景］
　米独保護主義国の追い上げ
　産業構造の高度化と企業の巨大化
　世界市場における国際競争の激化

［関係年表］

1881年　ロンドン商業会議所設立（LCC）（帝国連合運動と実業教育の推進主体）
1885年　イギリス商工業不況調査委員会設置
1895年　イギリス初の高等商業教育機関LSE設立
1896年　メイド・イン・ジャーマニー・パニック（イギリス産業の後退）
1902年　アメリカン・インベーダー・パニック（イギリス産業の敗北）
1902年　バーミンガム大学商学部設立（初年度入学8名、1920年迄の卒業者総数70名）

参考：1904年　明治大学商学部設立
　　　　1920年までの商科卒業生総数1,068名

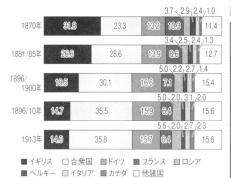

図7-7　世界の工業生産の各国割合
出所：宮崎他［1981］88頁

表7-1　ビジネス・スクールの誕生

1881	ペンシルヴァニア大学ウォートン財政・経済学校
1890	コロンビア大学商業学部
1894	ロンドン大学政治学経済学部
1896	ルーヴァン高等商業学校
1897	カリフォルニア大学商業学部
1898	シカゴ大学商業政治学部、ライプチッヒ商科大学、アーヘン商科大学
1901	ウィスコンシン大学商業学部、ケルン大学、フランクフルト商科大学
1906	ベルリン商科大学
1908	マンハイム商科大学
1910	ミュンヘン商科大学
1915	ケーニスベルク商科大学
1919	ニュルンベルク商科大学

出所：橘木［2012］37頁

【Business Education in Japanese Universities】

　Japan's modernizers were determined to establish a new system of higher education that could import and apply Western knowledge to strengthen the nation and enrich the people. The first educational reform occurred in 1887, when several of the government-established institutions were combined to establish Tokyo University which was to serve as the ideal model for all subsequent Japanese universities.

　In 1918, the Japanese government proclaimed the University Order, establishing the legal framework for the creation of universities other than the Imperial University. Leading private senmon-gakko (including Meiji University) that had already been permitted the designation of university were now chartered as full universities. Meiji University was established as the Meiji Law School in January 1881. The Meiji University School of Commerce, founded in 1904, was the first of its kind to be established by a private university in Japan. The number of students at the Meiji School of Commerce increased dramatically in response to requests from the industrial community.

　Japan may have had to start all over again in 1945, but its dominant position today in the global economic landscape was reached in about the same half-century as Japan's initial great leap to modern power. The national government, economic, social, and educational systems have worked together since 1945 toward national goals: a continuing ―endlessly continuing― economic expansion. Today, most Japanese students complete high school and apply to college or university. The entrance exams still serve very well as a selection mechanism that the public accepts as fairest.

【日本の大学における実業教育】（永井［1965］；橘木［2012］参照）
［第1期］創設期：日本産業革命（1870年代—1910年代）＝殖産興業政策
    1887年　東京帝国大学創設→京都、東北（外国文化の摂取）

［第2期］確立期：第一次世界大戦以降、既成財閥の巨大化、重化学
    工業の多角的展開→職業構造の高度化→専門教育
    1918年　「大学令」：早稲田、慶應、明治、中央、同志社等
    多数私大が正式認可（専門学校から大学へ昇格）

［第3期］膨張期：戦後わずか20年での高度経済成長
    1983年　「追い付き型近代化」の達成→企業成長第一主義
    第二次世界大戦後の新制大学制度の発足→サラリーマン育成

図7-8　明治大学の旧記念館
出所：明治大学史料編纂所提供

表7-2　明治大学卒業生の就職状況（1909年）

職業	法科 人数	%	政科 人数	%	商科 人数	%
官公吏	683	13.1	—	—	25	6.7
司法官	512	9.8	—	—	—	—
教員	35	0.7	—	—	13	3.5
銀行・会社員	405	7.8	40	27.8	254	68.5
新聞・雑誌	180	3.5	34	23.6	2	0.5
弁護士	528	10.1	—	—	—	—
実業	170	3.3	—	—	37	10.0
自営業	1,551	29.8	16	11.1	12	3.2
政治家	117	2.2	3	2.1	12	3.5
不明	643	12.3	50	34.7	13	3.5
在外	11	0.2	1	0.7	3	0.8
死亡	373	7.2	—	—	—	—
合計	5,208	100.0	144	100.0	371	100.0

出所：白戸［2006］64頁

【Anti-Industrialism vs. Business Education】
- Anti-industrial culture spirit (M. Wiener):

  Britain was essentially an industrial and manufacturing economy –the first in history- which declined after 1870 largely because of the effects of the anti-industrial culture spirit endemic in the British economy manifested especially through such middle-and upper-class institutions as the public schools and the universities. Even within the business world itself, the 'gentrification of the industrialist' produced a continuing bias against dynamic entrepreneurship.

- Commercial/finance-oriented economy (W.D. Rubinstein):

  Britain was never fundamentally an industrial and manufacturing economy; rather, it was always, even at the height of the industrial revolution, essentially a commercial, finance, and service-based economy whose comparative advantage always lay with commerce and finance. Britain's apparent industrial decline from 1890 was simply a working out of this process.

Questions

1. Write out your opinion about the debate between Wiener and Rubinstein on the British industrial decline.
2. List the primary features of the Schools of Commerce in Birmingham University and Meiji University from the historical perspective.

【反産業主義文化 vs. ビジネス教育】
・イギリス産業衰退に関する文化史的アプローチ
  （1）価値観の反革命（産業主義への反発）
  （2）産業経営者のジェントリー化：産業精神の衰退
  （3）伝統社会のエリート養成機関（パブリックスクール）とジェントルマン文化：
    ・商工業を蔑視（「大学は産業への入口ではなく出口」）
    ・商工業者の子弟のエリート養成機関への入学
    →産業離脱（＝「才能の流出」）

・イギリス例外構造論（イギリス商業金融国家論）
  （1）イギリス社会の二極構造：シティ・産業間の分離
    「豊かな金融的南部」vs.「貧困化する工業的北部」
    City of London vs. Lancashire and Yorkshire
  （2）イギリス中産階級の富の創出基盤としてのロンドン・シティ
  （3）産業資本主義段階の否定＝イギリス商業・金融国家論

図7-9 最古のパブリックスクール、イートン・カレッジ(ロンドン郊外)
出所：著者撮影

表7-3 イギリスの国際収支（1816-1913）

年	貿易収支	貿易外収支 海運純収入	利子・配当利潤	保険、手数料仲介収入	観光、密輸その他	経常収支
1816-20	−11	18	10	8	3	−3	7
1821-30	−12	18	9	9	9	3	7
1831-40	−18	23	8	13	4	4	5
1841-50	−23	28	13	12	4	6	6
1851-60	−34	51	23	29	7	−8	17
1861-70	−62	94	40	51	12	−9	32
1871-80	−94	144	53	86	16	−11	50
1881-90	−93	169	59	106	16	−11	75
1891-1900	−147	193	60	128	16	−11	46
1901-10	−161	258	80	173	20	−16	97
1911-13	−140	346	100	241	27	−22	206

出所：Imlah [1958] pp.70-75

▶3. The Role of the Universities in the Asian Industrial Development

【Challenge by Tata in India under Colonial Rule】

By the time Jamsetji Tata was in his early mid-fifties, and a very wealth man by Indian standards, he was already thinking more of the needs and the future of his country than those of his business. He believed that freedom for his country would not be long delayed and that political freedom would be illusory unless defended and supported by scientific education, by the generation of electrical energy and by the manufacture of steel.

Tata believed that education would in any case be a necessity for the progress of India and he was especially concerned about the need for the higher education of Indians. In 1909, Tata established the Indian Institute of Science (IISc) at Bangalore. He favored the adoption of John Hopkins University, as a model for the IISc. John Hopkins Univ., Baltimore US. had the unique distinction of being the first university in the world had been founded as a post-graduate institution. At the time of its foundation in 1875, Baltimore was the centre of a district in which vast industrial development was in progress.

IISc has become the premier institute for advanced scientific and technological research and education in India and over the last 100 years, has significantly contributed to the industrial development of India. Bangalore, where the Government of India decided to locate IISc is now a widely recognized industrial centre of India including IT and other related industries.

▶3. アジアの産業発展に大学はどう貢献したか

【植民地インドにおけるタタの挑戦】

［関係年表］

1600年　イギリス東インド会社設立（→アジア貿易独占が本格化）
1700,1720年　キャリコ条例（＝イギリス毛織物工業保護政策）
1757年　プラッシーの戦い→イギリスによるインド支配
1765年　ディワニ（租税徴収権）を東インド会社が獲得
　　　　　　→インド植民地財政を支配
　　　　　　→本国の「安価な政府」（戦費、鉄道建設）の形成
1833年　東インド会社の貿易独占権撤廃→アジア貿易の自由化
1853年　インド植民地鉄道の建設開始
1858年　セポイの反乱→東インド会社の解体→イギリスの直接支配
1877年　イギリス領インド帝国の成立／インド独自の紡績工場が誕生
1907年　タタ・スチール（タタ財閥）が創業開始
1909年　インド科学大学院大学IIScの設立→100年後にバンガロールはIT都市へ発展

図7-10　インド科学大学院大学IISc（バンガロール）
出所：著者撮影

図7-11　IIScの創設者ジャムシェドジ・タタ（1839-1904年）
出所：Subbarayappa［1992］

【Planned Economy and the Growth of Universities in Post Independence India】

The aim of the First Five-Year Plan (1951-56) was to increase the production of food and raw materials and to counter inflation. The Government of India had emphasized agriculture over industrial expansion in the First Five-Year Plan. The Second Five-Year Plan (1956-61) was far more ambitious. The Second Five-Year Plan provided for an outlay of 487 million rupees towards development of technical education compared to approximately 230 million rupees that had been spent on it in the First Plan period. By the end of the ten years of the first two Plans, national income had grown by 42 per cent. The Third Five-Year Plan (1961-66) aimed to further increase national income by approximately 38 per cent by 1966.

To meet the demand for high-level technical personnel and specialist personnel required for economic development, less developed countries established many universities and institutes within a short period of time. In India, the number of universities increased from 27 in 1951 to 54 in 1963, and the number of higher technology institutes increased from 53 in 1951 to 118 in 1963. There were only 127,168 science students in India's universities and colleges in 1950-51; this number increased to 197,475 in 1955-56, and 434,925 in 1963-64.

Despite the large increase in overseas students at UK universities between 1960 and 1971, full-time Indian students diminished steadily from the peak level (1,500-1,600) of the late 1950s. There are several reasons for the decline. Particularly, the rapid growth of university education in India has made it unnecessary for most undergraduates to go abroad.

【独立後インドの計画経済と大学の膨張】

［関係年表］

1947年　パキスタンと分離独立→ 社会主義型工業化を目指す。印パ戦争
　　　　インド経営大学（IIMA）、アーメダバードに創設
1951年　第1次5カ年計画（農業振興優先、輸入代替工業化）
　　　　コロンボ計画とインド工科大学（IIT）創設のスタート（1951～63）
　　　　国民会議派の経済開発：公企業による重化学工業化
1954年　米パ相互防衛援助協定→米印関係悪化
1956年　第2次5カ年計画（教育予算倍増、公共部門整備、産業振興）
1958年　インド外為危機←アメリカの緊急援助開始
1961年　第3次5カ年計画（重化学工業化路線）
1962年　軍備増強の本格化／ソ連との関係強化／キューバ危機
1962年　中印国境紛争→インド国防生産局設置
1965-67年　インド食糧危機、第4次5カ年計画の延期
1990年　ソ連の崩壊、インド経済の自由化
1998年　インド情報技術大学（IIIT-H）、ハイデラバートに創設

表7-4　インドにおける大学生数の推移（1947-1987年）

1947年	22万8,881人	（4万5,643人	［19.9％］）
1957年	86万2,075人	（20万100人	［23.2％］）
1967年	136万8,803人	（43万2,686人	［31.6％］）
1977年	233万2,935人	（50万3,134人	［14.7％］）
1987年	553万2,998人	（54万9,669人	［9.9％］）

注：（　）内の数字は理工系学部学生の内数
　　［　］内の数字は全体に占める理工系学生の割合（％）
出所：Chaturvedi［2003］p.212

【Education of High-Level Technical Personnel under International Aid】

In 1957, a CIA memorandum informally stated that one of the critical problems for the industrializing countries was the development of high-level human resources for economic development. The shortage of adequately trained administrators, managers, engineers and other decision makers was a major impediment to balanced economic development. These countries were dependent on the advanced countries for assistance in developing their human resources.

Although the UK had provided significant technical assistance to India ever since the inception of the Colombo Plan technical cooperation scheme, the Soviet Union, West Germany and the US separately provided financial support for the establishment of three IITs before the UK sponsored the establishment of the IIT in Delhi (see p.169, **Tab.7-6**). Organized intergovernmental programs for the transmission of technical knowledge and skill to the less developed countries only began after the Second World War, principally from 1950.

Such programs have been instituted mainly by the US (under the auspices of the International Cooperation Administration), the UN and its specialized international agencies, and the Colombo Plan member countries. In addition to these, there were activities of private organizations, such as the Ford Foundation, the Rockefeller Foundation, various other organizations, and especially of private business firms who in the course of their business engaged in a great deal of training and personnel development.

【国際援助のもとでの高度技術者の養成 「コロンボ・プラン」】

・戦後アジアにおけるヘゲモニー転換とコロンボ・プラン

　　コロンボ・プラン（英連邦の開発援助計画 1951-）の背景

　⑴　1950年代初頭以降の対アジア「援助競争」：アメリカ vs. ソ連

　⑵　コロンボ計画（英連邦のアジア開発）：イギリスの影響力行使

　＜その特徴＞

　　・南アジア・東南アジア諸国の共産主義体制への編入阻止

　　・英連邦（コモンウェルス）諸国内でのアジアの対等な位置関係

　　・アメリカからの圧倒的な経済支援依存の体制（**表7-5**参照）

図7-12　コロンボ・プランによる技術支援（アジア開発援助）
出所：Colombo Plan

表7-5　技術援助の主要国別援助額 1963～64年

単位：ポンド

供与国	訓練生	専門家	設備	合計
オーストラリア	919,827	217,791	697,497	1,835,115 (5.0%)
イギリス	824,923	761,258	285,732	1,871,913 (5.2%)
カナダ	719,797	284,697	—	1,004,494 (2.7%)
インド	159,529	16,749	5,659	181,937 (0.5%)
日本	191,008	516,550	86,818	794,376 (2.2%)
ニュージーランド	337,978	212,640	150,898	701,516 (1.9%)
アメリカ	3,038,150	12,024,400	14,885,610	29,948,160 (82.4%)
合計	6,191,212	14,034,085	16,112,214	36,337,511 (100%)

出所：Yokoi [2014] p.54より作成。

▶4. Fostering High-Level Technical Personnel in IT Sector

【Expansion of the Indian Institutes of Technology】

Industrial development in post-independence India was not possible without the prior education of high-level technical personnel in a variety of fields in higher Indian institutions. The role of international aid was essential in the establishment of higher technical institutes-the Indian Institutes of Technology (IITs). The establishment of the IITs depended on international technical cooperation. The shortage of equipment and staff to teach and organize research programs in the institutes could only be alleviated by technical assistance, which was available only from international aid.

The plan to establish the IITs was based on the assumption that industrial development in post-independence India could not be fostered unless high-level technical personnel in a variety of fields could be trained in Indian institutions. In fact, there was urgent demand for engineers and new technical institutions in India due to inadequate existing facilities there.

With international aid, the Government of India was able to establish five higher technical institutes. India benefitted from the equipment and systems provided by the advanced countries. It was introduced to different traditions and technologies, which was beneficial not only for its students, but also the industry and technologies of the whole country. Most important for post-independent India was the technology transfer from multilateral introduction of the latest international equipment and methods of higher education.

▶4. 高度IT人材の養成

【インド工科大学の膨張】

現在：学部生15,000人、大学院生12,000人
入試倍率60倍（定員5,000人／受験者30万人）
カラグプル校（1951年：米ソ英独の支援で設立）
ボンベイ校（1958年：ソ連の支援で設立）
カンプール校（1959年：アメリカの支援で設立）
マドラス校（1959年：西ドイツの支援で設立）
デリー校（1963年：イギリスの支援で設立）

図7-13　インド工科大学デリー校
出所：著者撮影

グワーハーティー校（1994年）　　パンジャーブ校（2008年）
ルーキー校（2001年）　　　　　　ブバネーシュワル校（　〃　）
ガンディーナガル校（2008年）　　ラージャスターン校（　〃　）
ハイダラーバード校（　〃　）　　インドール校（2009年）
パトナー校（　〃　）　　　　　　マンディー校（　〃　）

図7-14　インド工科大学デリー校の学生
出所：Tharoor［2003］

図7-15　インド工科大学の所在地
出所：Yokoi［2014］pp.59-62より作成

【MIT as the Model for IIT】

In 1944, prior to India's independence, Sir A.D. Dalal, Director of the Tata Iron and Steel Company, visited the Massachusetts Institute of Technology (MIT) with a member of the Indian government. Dalal announced at his first press conference that an 'Indian MIT' should be established without delay. It was on the assumption that industrial development in post-independence India was not possible without the prior education of high-level technical personnel in a variety of fields in higher Indian institutions.

General education was essential for engineers. In the past, engineering courses had been limited to engineering subjects, mathematics and the basic physical sciences, with the result that professional engineers were not trained to take a broad view of human affairs, or to play an effective part in determining policies underlying engineering projects.

The need to include courses in general education, business administration, labor relations and industrial finance, the knowledge of which had a significant bearing on the success of engineering projects, had been felt by engineering educational institutions in the US and also in Europe. The IITs at Kharagpur, Bombay, Kanpur, Madras and Delhi also provided courses in the humanities and social sciences for their under-graduate students.

【IITが模範としたMIT】

・独立後インドの持続的な産業発展の条件
　　高度技術者の養成機関のインド国内における整備・新設
　　タタ製鉄取締役アルデジャール・ダラルがアメリカのMITを視察
　　高度技術教育期間の世界各国での実施調査開始（1945年）
　　MITの先端的な工学教育プログラムを推薦
　　インド4都市での高度技術教育機関IITの設立決定

・「国家戦略上の重点大学」IIT 5校設立に向けて海外からの技術支援を要請

・IIT Kanpur校（1960）設立援助に見るアメリカ側の姿勢：
　インドの首相ネルーの要請に応えて、コンソーシアムを設立し、全米の主要大学を総動員してIIT設立を支援。インドにおける先端的科学技術教育分野でのリードを目指す。

　Consortium named Kanpur Indo-American Program (KIAP) 1962-1972：the MIT, the California Institute of Technology, Purdue University, Carnegie-Mellow University, Ohio State University, the University of California, Berkeley, the Case Institute of Technology, Princeton University, and the University of Michigan.

表7-6　インド工科大学IIT創設への各国の支援

	IIT	専門家	設備	総経費
ソ連	ボンベイ	1,271人	$4,000,000	$7,200,000
西ドイツ	マドラス	1,048人	$4,000,000	$7,500,000
アメリカ	カンプール	2,604人	$7,600,000	$14,500,000
イギリス	デリー	920人	$2,000,000	$4,800,000

出所：Yokoi [2014] p.66

【'Enclave' for High-Skilled Workers】
The main feature of the Indian economy in the 1990s and 2000s was the very rapid rise of knowledge-based services, based around IT, ITES and BPO. The United States was consistently the largest export market for Indian firms in this sector, with a 60 per cent share. The IT sector's share of total Indian exports increased from less than 4 per cent in 1998 to 26 per cent in 2010-11, employing a workforce of 2 million.

The dramatic success of the IT-BPO sector arose from a particular set of circumstances in which networks of Indian expatriate or immigrant businessmen and IT specialists in the United States in the 1990s were able to connect to specialized skilled labor in India. In turn, IT became a strong career preference for many Indian entrants to tertiary education, and many graduates in these disciplines sought work in the USA and other developed countries.

As with manufacturing industry, the service sector became divided between one set of very modern, technologically sophisticated and highly skilled industries supplying ITES and communication technologies to domestic and international markets, and another set of conventional industries rooted in established practices which employed the bulk of the labor, but with much lower levels of productivity and profitability.

【エリートのための「飛び地」】

　インドにはすべての種類を含めると約700の大学があり、毎年12万人のエンジニアが卒業し、うち7万人近くがソフトウェア業界に就職している。インド人ソフトウェア技術者の高い技術力と優れた英語能力は、欧米でも人気が高い。

　IT関連サービス業は製造業とは異なり、産業の裾野が広くない。また英語を使いこなすインド人は人口のごく僅かで、階層間格差が著しいインド社会において、ソフトウェア産業はエリートのための「飛び地」でしかない。

図7-16　オールド・デリー市内
出所：著者撮影

図7-17　インド郊外の露店
出所：著者撮影

図7-18　バンガロールのUB City
出所：著者撮影

図7-19　バンガロールIT Hubのマンション広告
出所：著者撮影

【Summary】

Economic history is one of the essential subjects for business education in order to take a broad view of human affairs, or to play an effective part in determining the policies underlying business projects.

For under-graduate students as well as post-graduates, the need for economic history has been felt by business educational institutions in the US, Europe and Asia.

This chapter deals primarily with the significant role that the educational institutions played in industrial development from a historical and comparative perspective. By focusing on the relationships between business and technical education, and industrial development, we study the modern economic history mainly of India.

Industrial development in post-independence India could not be fostered unless high-level technical personnel in a variety of fields could be trained in Indian institutions.

The Government of India could establish five higher technical Institutes, with the help of different countries. India could take advantage of the most advanced equipment and methods provided by the advanced countries, which could be advantageous not only for Indian students, but also for Indian industries and technologies including the IT-BPO sector.

【要約】

　経済史は、ビジネス教育の重要科目の一つである。その目的は、人間の活動に対する広い視野を養い、ビジネスにおける政策決定を有効に行う能力を培うことにある。大学院生はもとより学部学生にとっても、経済史の重要性は欧米やアジアのビジネス教育の諸機関で広く認められている。

　この章では、おもに産業発展において教育機関が果たした役割の重要性を、歴史的観点と国際比較の観点から扱っている。ビジネス教育や科学技術教育と産業発展との関係に焦点を当てて、特にインドの近現代の経済史を考察している。

　インドの各種教育機関において、さまざまな分野で高度な技術者が養成されなければ、独立後のインドの産業発展は到底望めなかった。

　インド政府は、欧米各国からの援助を得て、5つの高いレベルの工科大学を設立することが出来た。かくして、インドは先進諸国より提供された最先端の設備と教育方法を利用することが出来たのである。それはインドの学生にとってのみならず、IT-BPO部門を含むインドの産業や技術にとっても有利に活用し得た。

参考文献　References

Chaturvedi, P.［2003］*Engineering and Technical Education in India,* New Delhi.
Cutts, R.L.［1997］*An Empire of Schools,* London.
Imlah, A.H.［1958］*Economic Elements in the Pax Britannica,* New York.
Lipton, M. and J. Firm［1975］*The Erosion of a Relationship：India and Britain,* London.
Rubinstein, W.D.［1993］*Capitalism, Culture, and Decline in Britain 1750-1990,* London.
Subbarayappa, B.V.［1992］*In Pursuit of Excellence,* New Delhi.
Tharoor, S.［2003］*IIT：India's Intellectual Treasures,* Maryland.
Tomlinson, B.R.［2013］*The Economy of Modern India,* Cambridge.
Yokoi, K.［2014］'The Colombo Plan and industrialization in India', in Akita, S., G. Krozewski and S. Watanabe (eds.), *The Transformation of the International Order of Asia,* London.
潮木守一［2004］『世界の大学危機―新しい大学像を求めて―』中公新書。
白戸伸一［2006］「日本における後発型資本主義の確立と実業教育」(横井勝彦編『日英経済史』日本経済評論社)。
スィンハ、サンジーヴ［2014］『すごいインド―なぜグローバル人材が輩出するのか―』新潮新書。
須貝信一［2011］『インド財閥のすべて―躍進するインド経済の原動力―』平凡社新書。
永井道雄［1965］『日本の大学―産業社会にはたす役割―』中公新書。
西沢　保［1996］「イギリス経済の停滞と教育改革」(湯沢威編『イギリス経済史』有斐閣)。
橘木俊詔［2012］『三商大―東京・大阪・神戸―』岩波書店。
ピケティ、トマ［2014］『21世紀の資本』みすず書房。
宮崎犀一他編［1981］『近代国際経済要覧』東京大学出版会。

執筆者紹介

第1章　篠原　敏彦（貿易商務論）
第2章　山本　雄一郎（ビジネス英語）
第3章　中林　真理子（保険学）
第4章　西　剛広（経営戦略論）
第5章　山下　洋史（情報管理論）
第6章　姚　俊（財務会計論）
第7章　横井　勝彦（欧米経済史・アジア経済史）

平成29年3月31日　初版発行	《検印省略》
	略称：商学部グローバル1

明治大学商学部グローバル人材育成シリーズ①
英語と日本語で学ぶビジネスの第一歩

編　者　Ⓒ　明　治　大　学　商　学　部

発行者　　中　島　治　久

発行所　　同 文 舘 出 版 株 式 会 社

東京都千代田区神田神保町1-41　　〒101-0051
電話　営業(03)3294-1801　　編集(03)3294-1803
振替 00100-8-42935　　http://www.dobunkan.co.jp

Printed in Japan 2017

製版：一企画
印刷・製本：萩原印刷

ISBN 978-4-495-64881-7

JCOPY 〈出版者著作権管理機構 委託出版物〉
本書の無断複製は著作権法上での例外を除き禁じられています。複製される場合は，そのつど事前に，出版者著作権管理機構（電話 03-3513-6969，FAX 03-3513-6979，e-mail : info@jcopy.or.jp）の許諾を得てください。

これが商学部シリーズ(明治大学商学部編)

これが商学部シリーズVol.2
社会に飛びだす学生たち
―地域・産学連携の文系モデル―

A5判・236頁
定価（本体1,700円＋税）
2011年4月発行

これが商学部シリーズVol.3
ビジネス研究の最前線

A5判・240頁
定価（本体1,700円＋税）
2012年3月発行

新版 これが商学部!!
― The School of Commerce ―

A5判・256頁
定価（本体1,500円＋税）
2010年3月発行

これが商学部シリーズVol.4
世界の大学の先端的ビジネス教育
―海外への多様な扉―

A5判・188頁
定価（本体1,600円＋税）
2013年3月発行

本書とともに

これが商学部シリーズVol.5
ビジネスと教養
―社会との対話を通して考える―

A5判・220頁
定価（本体1,700円＋税）
2014年3月発行

同文舘出版株式会社